USO DE LOS PASADOS

LÁSZLÓ SÁNDOR

1.ª edición: 2016
5.ª impresión: 2023

© Edelsa Grupo Didascalia, S. A. Madrid, 2016

Dirección y coordinación editorial: Departamento de Edición de Edelsa.
Diseño de cubierta: Departamento de Imagen de Edelsa.
Maquetación: Estudio Grafimarque S.L.

ISBN: 978-84-9081-852-7
Depósito legal: M-10039-2016

Impreso en España.
Printed in Spain.

Nota
- Cualquier forma de reproducción de esta obra solo puede ser realizada con la autorización de la editorial, salvo excepción prevista por la ley. Diríjase a CEDRO (Centro Español de Derechos Reprográficos, www.cedro.org) si necesita fotocopiar o escanear algún fragmento de esta obra.

PRÓLOGO

¿POR QUÉ HAY TANTOS TIEMPOS PASADOS EN ESPAÑOL?

No para expresar con ellos las diferencias entre las distintas acciones pasadas *(largas o cortas, rápidas o lentas, una acción o varias, etc.)*: todas estas diferencias no importan a la hora de elegir uno u otro. En español hay varios tiempos pasados porque nosotros, los hablantes, podemos ver la misma acción pasada desde varios ángulos, la podemos presentar desde distintos puntos de vista, y elegimos el tiempo verbal según el aspecto que intentemos acentuar porque **cada tiempo pasado representa un distinto punto de vista.** Así que la elección depende de lo que quieres decir.

Tus posibles puntos de vista pueden ser los siguientes:

- Si quieres destacar que la acción pasada, de una forma u otra, está relacionada con el presente, eliges la forma *he hablado*, *he comido* (pretérito perfecto compuesto).

- Si tu única intención es acentuar que la acción pasada se llevó a cabo completamente y no tiene ninguna relación con el presente, escoges la forma *hablé*, *comí* (pretérito perfecto simple).

- Si quieres

    a) describir el trasfondo de una narración pasada,

    b) hablar de una acción habitual o repetitiva,

    c) expresar que una acción pasada estaba en progreso,

    elegirás la forma *hablaba*, *comía* (pretérito imperfecto).

- Si desde un punto de la narración pasada quieres regresar a una acción anterior, escogerás la forma *había hablado*, *había comido* (pretérito pluscuamperfecto). La usarás generalmente en oraciones subordinadas.

- Si en un punto de la narración pasada intentas mencionar una acción que ocurrió más tarde, optarás por la forma *hablaría*, *comería* (futuro del pasado o condicional). La usarás exclusivamente en oraciones subordinadas.

USO DE LOS PASADOS

ÍNDICE

TEMA 1

PRETÉRITO PERFECTO COMPUESTO

Forma del pretérito perfecto compuesto 8
Usos del pretérito perfecto compuesto 9
Ejercicios 10
La historia misteriosa (capítulo 1) 14
Test de repaso 16

TEMA 2

PRETÉRITO PERFECTO SIMPLE

Forma del pretérito perfecto simple 18
Usos del pretérito perfecto simple 20
Ejercicios 21
La historia misteriosa (capítulos 2 y 3) .... 28 y 34
Test de repaso 36

TEMA 3

CONTRASTE: PRETÉRITO PERFECTO SIMPLE / COMPUESTO

Usos 38
Ejercicios 39
La historia misteriosa (capítulo 4) 41
Test de repaso 42

Índice

TEMA 4

PRETÉRITO IMPERFECTO

Forma del pretérito imperfecto	44
Usos del pretérito imperfecto	45
Ejercicios	46
La historia misteriosa (capítulo 5)	54
Test de repaso	56

TEMA 5

PRETÉRITO PERFECTO SIMPLE / IMPERFECTO

Narración de acciones / Descripción de la situación	58
Acontecimientos / Acciones habituales	64
Acción finalizada / Acción en proceso	68
Oraciones temporales y causales	72
Cambio / Descripción del estado mental o físico	74
Diferencia de estilo	76
La historia misteriosa (capítulos 6, 7 y 8)	62, 71 y 78
Test de repaso	80

TEMA 6

OTROS TIEMPOS DEL PASADO

El pluscuamperfecto, forma y usos	82
El futuro del pasado, forma y usos	84
El estilo indirecto (resumen)	86
La expresión de la probabilidad con tiempos verbales	88
La historia misteriosa (último capítulo)	90
Test de repaso	91

LISTA DE LOS VERBOS IRREGULARES 92

La historia misteriosA

Se ha cometido un crimen

A lo largo del libro vas a encontrar una novela de detectives que te permitirá desarrollar tu capacidad de comprensión lectora en español, te divertirá y, al mismo tiempo, te permitirá comprobar todo lo que has ido aprendiendo con este libro. Puedes leer cada capítulo al mismo tiempo que vas haciendo los ejercicios.

A continuación, te presentamos los personajes de la novela:

La víctima:

Penélope Luz, famosa actriz.

Los testigos:

La señora Jiménez, una anciana de noventa años, vecina de los Martínez.

El sargento Pablo Cambra, policía.

La señora Masmano, la doncella de Penélope Luz.

Los sospechosos:

La mujer alta y esbelta, posible cómplice del asesino.

El señor Martínez, exmagnate de petróleo, arruinado, esposo de Penélope Luz.

Lola Sánchez, célebre modelo, esposa de Enrique Peralta.

Enrique Peralta, cantante, esposo de Lola Sánchez.

El inspector...

y el asesino misterioso...

Uso de los pasados

Tema 1

PRETÉRITO PERFECTO COMPUESTO

- **FORMA DEL PRETÉRITO PERFECTO COMPUESTO** .... PÁG. 8
- **USOS DEL PRETÉRITO PERFECTO COMPUESTO** .... PÁG. 9
- **EJERCICIOS** .... PÁG. 10
- **LA HISTORIA MISTERIOSA** .... PÁG. 14
- **TEST DE REPASO** .... PÁG. 16

LA HISTORIA MISTERIOSA

Primer capítulo de la novela
- El asesino nos cuenta que ha cometido un crimen.
- El inspector recibe una llamada: la doncella ha descubierto el cadáver.

Observa

Hola, Tere, ¿qué tal el viaje a Madrid?

Ha estado muy bien: hemos visitado el Palacio Real, hemos estado en el Museo del Prado, hemos comido muy bien y también hemos hecho una excursión a El Escorial. Y tú, ¿cómo has pasado la semana?

No he hecho nada especial: he trabajado, he limpiado la casa y esas cosas.

Uso de los pasados

Tema 1 — PRETÉRITO PERFECTO COMPUESTO

FORMA

- **El pretérito perfecto compuesto**

Se forma con el presente del verbo **haber** y el participio del verbo principal. Entre el verbo *haber* y el participio no se puede interponer ningún elemento lingüístico.

Yo	he
Tú	has
Él, ella, usted	ha
Nosotros, nosotras	hemos
Vosotros, vosotras	habéis
Ellos, ellas, ustedes	han

+ jugado / comido / dormido

- **El participio de los verbos regulares**

Se forma suprimiendo la terminación del infinitivo y añadiendo al radical las siguientes terminaciones:

Verbos en *-ar*:	-ado >	hablado, trabajado
Verbos en *-er*, *-ir*:	-ido >	comido, vivido, ido (ir)

- **El participio pasado de los verbos irregulares más frecuentes**

hacer: hecho	ver: visto	escribir: escrito	decir: dicho
poner: puesto	abrir: abierto	cubrir: cubierto	
volver: vuelto	morir: muerto	romper: roto	
resolver: resuelto	descubrir: descubierto		

Notas

1. En los tiempos perfectos el participio no concuerda con el sujeto:
   Las chicas todavía no han llegado.

2. El participio de hay (*haber*) es habido.

3. Fíjate en el acento gráfico del participio de los verbos que llevan dos vocales en el infinitivo:

   leer: leído   caer: caído   oír: oído   creer: creído   traer: traído.

Forma y usos

USOS

Con este tiempo verbal se expresan acciones que, aunque se producen en el pasado (a menudo hace poco tiempo), están de alguna manera relacionadas con el presente.

Cuando el hablante dice...	también desea expresar que...
- He reparado la radio.	- La radio está reparada.
- Hemos vendido el coche.	- El coche está vendido.
- ¿Has comprado pan?	- ¿Hay pan en casa?
- ¿Habéis aprendido las palabras nuevas?	- ¿Sabéis las palabras nuevas?
- Me he enamorado de Carla.	- Estoy enamorado de Carla.

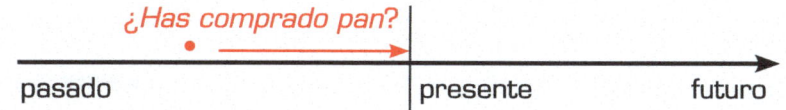

- **Los complementos temporales**

1. Uno de los rasgos característicos del pretérito perfecto compuesto es que el hablante a menudo no utiliza ningún complemento temporal, porque no considera necesario indicar el tiempo de la acción. Lo importante es el resultado:

    Me he cansado. (Y por eso estoy cansado).

2. Cuando utilizamos complementos temporales usamos los que:
    a) Incluyen también el momento presente: **hoy**, **esta mañana**, **esta semana**, **este verano**, **este año**, **ya**, **aún**, **todavía**, **siempre**, **nunca**, **jamás**, **alguna vez**, etc.

    Este año hemos estado tres veces en Mallorca.

    b) No incluyen el momento presente, pero están muy cerca de él: **hace poco**, **hace un minuto**, etc.

    Hace poco he visto a Marisol.

3. Con **nunca**, **jamás**, **siempre** se puede utilizar casi cualquier tiempo verbal. Con el pretérito perfecto compuesto la acción dura hasta el momento presente.

    Siempre me ha interesado la pintura. (Sigue interesándome).
    Nunca he sido un buen pintor. (Tampoco ahora).

Tema 1 — PRETÉRITO PERFECTO COMPUESTO

Ejercicios

1. Forma el participio de los siguientes verbos.

Ej.: *levantar* / ***levantado***

1. estar ....
2. ser ....
3. viajar ....
4. descansar ....
5. vivir ....
6. ir ....
7. beber ....
8. subir ....
9. esperar ....
10. salir ....
11. llegar ....
12. comenzar ....
13. cerrar ....
14. entender ....
15. leer ....
16. acostar ....
17. perder ....
18. poder ....
19. querer ....
20. tener ....
21. jugar ....
22. venir ....
23. oír ....
24. poner ....
25. hacer ....
26. descubrir ....
27. morir ....
28. escribir ....
29. romper ....
30. resolver ....
31. decir ....
32. volver ....
33. abrir ....
34. cubrir ....
35. ver ....

Aciertos: .... de 35

2. Transforma las frases según el modelo.

Ej.: *Hablo con Rafa.* / ***He hablado*** *con Rafa.*

1. Estamos en la biblioteca. ....
2. Van a casa. ....
3. Venimos por el dinero. ....
4. ¿Tenéis problemas? ....
5. Soy muy feliz. ....
6. Los niños salen al parque. ....
7. Doy clases de inglés. ....
8. Lo invitamos. ....
9. Esta novela me gusta mucho. ....
10. Estas novelas me gustan mucho. ....
11. Esta semana no hay clases en la universidad. ....
12. Comienzo a estudiar francés. ....
13. ¿Cierras la puerta? ....
14. No entiendo nada. ....
15. Los niños se acuestan. ....
16. Juego al fútbol. ....
17. No encuentro la llave. ....
18. Se despiertan temprano. ....
19. ¿Empieza la clase? ....
20. Pierden el tren. ....

Aciertos: .... de 20

Ejercicios

3 **Completa estos diálogos con los verbos en pretérito perfecto compuesto.**

Ej.: • ¿Dónde (estar, tú)? / ¿**has estado**?

A. • (Estar, yo) 1. .... en el supermercado.
• ¿Qué (comprar, tú) 2. ....?
• (Comprar, yo) 3. .... pan, unos huevos y tomates.
• ¿(Comprar, tú) 4. .... leche también?
• No, se me (olvidar) 5. .... comprarla.

B. • ¿Dónde (estar, vosotros) 6. ....?
• (Estar, nosotros) 7. .... en el cine.
• ¿Qué película (ver) 8. ....?
• (Ver) 9. .... una comedia: *Muerto en el huerto*.
• ¿Os (gustar) 10. ....?
• No, (ser) 11. .... bastante aburrida.

C. • ¿(Ver, tú) 12. .... a Miguel?
• Pues no lo (ver, yo) 13. ...., pero (hablar, yo) 14. .... con él. Lo (llamar, yo) 15. .... por teléfono.
• ¿Te (decir, él) 16. .... algo sobre el viaje?
• Sí. Me (decir, él) 17. .... que no puede venir.
• ¿No puede venir? ¿Te (explicar, él) 18. .... por qué?
• Pues (suspender, él) 19. .... Física y sus padres no le (permitir) 20. .... venir.

Aciertos: .... **de 20**

4 **Haz frases según el modelo.**

Ej.: *Paco y Juan, volver, todavía, no / Paco y Juan todavía no **han vuelto***.

1. le, tú, decir, qué ....
2. nosotros, un buen restaurante, descubrir, en el centro ....
3. abrir, por qué, la ventana, tú ....
4. ya, la mayoría de los problemas, resolver, nosotros ....
5. les, nosotros, una postal, escribir ....
6. el florero, romper, quién ....
7. un jersey, me, poner ....
8. las montañas, cubrir, la nieve ....
9. hoy, yo, a Carmen, ver ....

Aciertos: .... **de 9**

Tema 1
PRETÉRITO PERFECTO COMPUESTO

5 Lee y completa el diálogo con los verbos en pretérito perfecto compuesto.

Marisol llama por teléfono a su hermano, Miguel, para contarle dónde y cómo ha pasado la semana con su novio:

Buñuelos   La Noche del Fuego   Una falla

Miguel: Hola, Marisol, ¿qué tal?
Marisol: Estupendamente, Miguel. ¡Esta semana, Carlos y yo (estar) (Ej.:) **hemos estado** en las Fallas de Valencia! Lo (pasar, nosotros) 1. .... genial, nos (gustar) 2. .... todo: Las fallas (ser) 3. .... chulísimas, el ambiente (ser) 4. .... impresionante. ¡Y la Noche del Fuego, la famosa *Nit de Foc!* Nunca (ver, yo) 5. .... una cosa tan estupenda. También (probar, nosotros) 6. .... los famosos buñuelos, nos (gustar) 7. .... mucho. (Ser) 8. .... unos días inolvidables. ¿Y tú? ¿Qué (hacer, tú) 9. .... esta semana?
Miguel: Pues, yo (tener) 10. .... una semana bastante aburrida, no (hacer, yo) 11. .... nada interesante: (subir, yo) 12. .... al monte Everest, (cruzar, yo) 13. .... nadando el estrecho de Gibraltar y (tener, yo) 14. .... una cita con Shakira.
Marisol: ¡Ja, ja, ja! Eres incorregible, Miguel, nunca se te puede tomar en serio.

Aciertos: .... de 14

6 Marca si es verdadero (V) o falso (F).

Ej.: Miguel ha llamado a Marisol por teléfono.	F
1. Marisol ha estado en Valencia.	
2. Marisol y su novio han comido la famosa *Nit de Foc*.	
3. A Carlos y a Marisol les han gustado mucho las Fallas.	
4. Miguel ha tenido una semana inolvidable.	
5. Miguel dice que ha subido al monte Everest.	
6. Miguel ha subido al monte Everest.	
7. Shakira ha tenido una cita con Carlos.	
8. Shakira ha tenido una cita con Miguel.	
9. Miguel dice que ha tenido una semana bastante aburrida.	

Aciertos: .... de 9

Ejercicios

> **NOTAS:** Se usa el presente:
>
> 1. Con **desde**, **desde hace**, **hace** + tiempo + **que**
>   ¿Desde cuándo vivís aquí? (Vivimos aquí) desde 1992.
>   ¿Desde hace cuánto tiempo tocas la guitarra? (Toco la guitarra) desde hace tres años.
> 2. **Llevar** + tiempo + gerundio
>   Llevo dos años estudiando español. (= Estudio español desde hace dos años).
> 3. **Acabar de** + infinitivo. Expresa acciones que se han desarrollado hace poco:
>   No tengo hambre. Acabo de comer. (= He comido hace poco).

7 **Relaciona las preguntas y las respuestas.**

Ej.: *¿Desde cuándo estudias francés?*

1. ¿Has estado alguna vez en Inglaterra?
2. ¿Tienes hambre?
3. ¿Desde hace cuánto tiempo tocas la guitarra?
4. ¿Cuántos años lleváis trabajando aquí?
5. ¿Está el jefe?

a. No, nunca.
b. No, acaba de salir.
c. Yo uno, mi amigo tres.
d. **Desde 1998.**
e. No, acabo de comer.
f. Desde hace tres años.

Aciertos: .... de 5

8 **Transforma las frases según el modelo.**

Ej.: *He llegado hace poco.* / **Acabo de llegar.**

1. He comido hace poco. ....
2. El jefe ha salido hace un minuto. ....
3. Hemos regresado de Grecia hace poco. ....
4. Han hablado con el director hace poco. ....
5. Me he levantado en este mismo momento. ....
6. Los niños se han dormido hace poco. ....

Aciertos: .... de 6

9 **Cambia las frases de presente a pasado, como en el modelo.**

Ej.: *No puedo dormir.* / **No he podido dormir.**

1. Tenemos que trabajar mucho. ....
2. Los Pérez no pueden venir. ....
3. Quiero ser médico. ....
4. ¿Puedes ayudarle? ....
5. ¿Qué quieres decir? ....
6. Tengo que levantarme temprano. ....
7. Ellos también quieren ir, pero no pueden. ....
8. ¿Qué tienes que hacer hoy? ....
9. No los podemos visitar. ....

Aciertos: .... de 9

Uso de los pasados

TU NOVELA POLICÍACA

La historia misteriosA

domingo, 27 de agosto

El asesino ha llegado a su casa, se ha quitado los guantes, se ha duchado y ahora está junto a la ventana.

—Así he tenido que terminarlo —piensa—. No he podido encontrar otra solución. Pero ¿no he olvidado nada? Parece que no. Hay solo una cosa que me molesta: ¿Por qué no he dejado ganar a ese pobre hombre? Eso no ha sido decente. Tampoco lo del bocadillo…

En este momento se abre la puerta y entra una mujer alta y esbelta.

—Ay, qué calor ha hecho hoy —dice la mujer—. ¿Has terminado el trabajo?
—Sí, claro —dice el asesino—. ¡Qué trabajo! Es el mejor que he hecho en mi vida. Ha sido duro, es verdad, pero muy, muy emocionante. Y gracias por tu ayuda.
—Oye —dice la mujer—, ahora que hemos cobrado un montón de dinero, he pensado en comprarnos un chalé de lujo en una isla exótica.
—Mira —contesta el asesino—, todavía no me han pagado por este trabajo y bien sabes que no se trata de un montón de dinero. Además, no lo he hecho por el dinero, lo he hecho por la fama. Siempre he querido ser la mejor… mmm… persona en mi profesión. ¡Dios mío!
—¿Qué pasa?
—¡La anciana! He olvidado matarla, pero ya es tarde…

* * *

domingo, 20 de agosto

Es domingo: el domingo de la paz, de la tranquilidad. El domingo que el inspector tanto ha esperado. El domingo en que su esposa se ha ido a visitar a su madre y no regresará hasta el martes. Por eso, el inspector ha organizado una partida de billar con sus amigos para esta tarde.

Son las diez de la mañana. El inspector está en casa: se ha preparado un bocadillo de jamón y está listo para leer, con tranquilidad, junto a un té, qué ha pasado en el mundo. Abre el periódico, pero en ese momento suena el teléfono. Es el sargento Cambra.

—Hola, Pablo, dime.
—Jefe, ha habido un asesinato. Penélope Luz, la famosa actriz. Esta mañana su doncella la ha encontrado muerta en su cama. Ya estamos en la casa, pero no hemos tocado nada. ¿Puedes venir?
—Vale, voy. En veinte minutos estoy allí.

El inspector ha puesto su bocadillo en la cartera y ha salido al lugar de los hechos. Adiós, té, periódico, billar… Adiós, tranquilidad.

Continúa en la página 28

Capítulo 1

1 ¿Quién lo ha dicho, hecho o pensado?

a. el inspector   b. la mujer   c. el asesino   d. el sargento   e. la doncella

	a	b	c	d	e
Ej.			x		
1					
2					
3					
4					
5					
6					
7					
8					
9					
10					
11					
12					

Ej.: *No lo he hecho por el dinero.*
1. Ha sido duro.
2. Ha hablado con su jefe.
3. Se ha preparado un bocadillo.
4. He pensado en comprarnos un chalé de lujo.
5. Ha habido un asesinato.
6. Hemos cobrado un montón de dinero.
7. Ha encontrado el cadáver.
8. Ha organizado una partida de billar.
9. No he podido encontrar otra solución.
10. Todavía no me han pagado.
11. No hemos tocado nada.
12. Hoy ha hecho mucho calor.

Aciertos: .... de 12

2 Relaciona los fragmentos.

Ej.: *¿Qué pasa?*

1. Así he tenido que terminarlo, porque...
2. He pensado en comprarnos un chalé de lujo en una isla exótica.
3. Su esposa se ha ido a visitar a su madre y...
4. ¿Has terminado el trabajo?
5. Está listo para leer
6. ¿No he olvidado nada?
7. No lo he hecho por el dinero,
8. Es el domingo que
9. Ya estamos en la casa, pero

a. Sí, claro. ¡Qué trabajo! Es el mejor que he hecho en mi vida.
b. por eso el inspector ha organizado una partida de billar con sus amigos.
c. lo he hecho por la fama.
d. qué ha ocurrido en el mundo.
e. Parece que no.
f. no he podido encontrar otra solución.
g. tanto ha esperado.
h. *¡La anciana! He olvidado matarla...*
i. no hemos tocado nada.
j. Todavía no me han pagado por este trabajo.

Aciertos: .... de 9

Uso de los pasados

Tema 1

PRETÉRITO PERFECTO COMPUESTO

Test de repaso

1. Conjuga el verbo *haber* en presente.

Ej.: yo / **he**
1. tú ....
2. él/ella/usted ....
3. nosotros-as ....
4. vosotros-as ....
5. ellos/ellas/ustedes ....

Aciertos: .... de 5

2. Forma el participio de los siguientes verbos.

Ej.: comer / **comido**

1. hacer ....
2. ver ....
3. llegar ....
4. tener ....
5. saber ....
6. descubrir ....
7. comprar ....
8. haber ....
9. decir ....
10. creer ....
11. volver ....
12. dar ....

Aciertos: .... de 12

3. Completa las frases con la forma adecuada de los siguientes verbos.

acabar - bañar - comprar - decidir - duchar - **estar** - gustar - haber - hacer - ir
llevar - llover - poder - poner - Probar - salir - ser - tener - Ver - volver

Ej.: Yo nunca **he estado** en Perú, pero me gustaría mucho ir un día.

1. ¿Qué .... con esta bici? Está pinchada la rueda.
2. Esta tarde nos .... en la playa.
3. No, gracias, no tengo hambre, ... de comer.
4. Este .... el peor día de mi vida: he roto con Quique.
5. José, ¿cuánto tiempo .... trabajando en esta empresa?
6. Hoy .... a trabajar muy temprano, así que nos vamos ya.
7. ¿.............. a Santi? Lo estoy buscando porque quiero hablar con él.
8. ¿.............. la paella? Dicen que es un plato muy rico.
9. ¿Te .... los regalos de los Reyes Magos? A mí los míos no.
10. Uff, ¡lo que .... esta semana en Madrid! A ver si sale el sol.
11. ¿Os .... ya? Casi no queda agua caliente.
12. Mis padres aún no .... de Roma, estoy sola en casa.
13. El jefe no está, ... de viaje y estará fuera toda la semana.
14. Silvia .... no ir a casa de su amiga, están enfadadas.
15. Este verano .... varios accidentes en aquel cruce peligroso.
16. Este verano no .... ir a Valencia como otros años, por el trabajo de Luis.
17. Cariño, ¿dónde has .... las llaves del coche? No las encuentro.
18. ¿Le .... algún regalo para tu madre? Hoy es su cumpleaños.
19. ¡Ay, qué hambre tengo! Hoy aún no .... tiempo para comer.

Aciertos: .... de 19

Tema 2

PRETÉRITO PERFECTO SIMPLE

- **FORMA DEL PRETÉRITO PERFECTO SIMPLE** .... PÁG. 18
- **USOS DEL PRETÉRITO PERFECTO SIMPLE** .... PÁG. 20
- **EJERCICIOS** .... PÁG. 21
- **LA HISTORIA MISTERIOSA** .... PÁG. 28 y 34
- **TEST DE REPASO** .... PÁG. 36

LA HISTORIA MISTERIOSA

Segundo capítulo de la novela
- El inspector interroga al principal sospechoso.

Tercer capítulo de la novela
- El inspector habla con una testigo que lo vio todo.

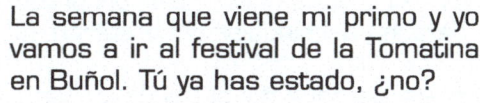
La semana que viene mi primo y yo vamos a ir al festival de la Tomatina en Buñol. Tú ya has estado, ¿no?

Observa

Sí, estuve hace dos años, y me lo pasé genial. Fuimos a la calle Mayor. En muy poco tiempo se llenó de gente. Entonces comenzó la batalla de tomates a las cinco de la tarde. Duró una hora, fue alucinante…

Uso de los pasados

Tema 2 — PRETÉRITO PERFECTO SIMPLE

FORMA

El pretérito perfecto simple de los verbos regulares se forma suprimiendo la terminación del infinitivo y añadiendo las siguientes terminaciones:

	VERBOS -AR	VERBOS -ER e -IR
Yo	-é	-í
Tú	-aste	-iste
Él, ella, usted	-ó	-ió
Nosotros, nosotras	-amos	-imos
Vosotros, vosotras	-asteis	-isteis
Ellos, ellas, ustedes	-aron	-ieron

Hablar		Comer		Vivir	
hablé	hablamos	comí	comimos	viví	vivimos
hablaste	hablasteis	comiste	comisteis	viviste	vivisteis
habló	hablaron	comió	comieron	vivió	vivieron

• **Verbos de cambios ortográficos**

Los verbos que terminan en **-gar**, **-zar** y **-car** cambian en la primera persona del singular:

Pa**g**ar (ué)		Empe**z**ar (cé)		Sa**c**ar (qué)	
pagué	pagamos	empecé	empezamos	saqué	sacamos
pagaste	pagasteis	empezaste	empezasteis	sacaste	sacasteis
pagó	pagaron	empezó	empezaron	sacó	sacaron

Notas

1. Compara la primera persona del singular del presente -(yo) *hablo*- sin tilde (acento) con la tercera persona del singular del pretérito -(él, ella, usted) *habló*- con tilde.

2. Fíjate que la primera persona del plural de los verbos regulares en **-ar** (**hablamos**) y en **-ir** (**vivimos**) coincide en el presente y en el pretérito simple. En estos casos, el contexto aclara si el significado es presente o pasado.

3. Los verbos con diptongación en presente no diptongan en el pretérito simple: **Encontrar** > enc**ue**ntro (presente) y enc**o**ntré (pretérito perfecto simple).

4. Observa que el verbo **ver** no lleva acento y que el verbo **dar** se conjuga igual:

vi	vimos	di	dimos
viste	visteis	diste	disteis
vio	vieron	dio	dieron

Forma y usos

LA FORMACIÓN DEL PRETÉRITO PERFECTO SIMPLE

a) Son irregulares solo en las terceras personas:

Dormir		Leer		Construir		Pedir	
dormí	dormimos	leí	leímos	construí	construimos	pedí	pedimos
dormiste	dormisteis	leíste	leísteis	construiste	construisteis	pediste	pedisteis
durmió	durmieron	leyó	leyeron	construyó	construyeron	pidió	pidieron
(morir)		(caer, creer, oír)		(huir, destruir)		(convertir, divertir, elegir, medir, repetir, sentir, seguir, servir)	

b) Son irregulares todas las personas:

Venir	vin-	-e
Poder	pud-	-iste
Querer	quis-	-o
Hacer	hic/z-	-imos
Saber	sup-	-isteis
Poner	pus-	-ieron
Tener	tuv-	
Estar	estuv-	
Haber	hub-	

Decir	dij-	-e
Traer	traj-	-iste
Traducir	traduj-	-o
Producir	produj-	-imos
Conducir	conduj-	-isteis
		-eron

c) Verbos que cambian totalmente:

Ir / ser	
fui	fuimos
fuiste	fuisteis
fue	fueron

Notas

1. Atención al cambio ortográfico **c/z** en la tercera persona singular del verbo **hacer**: **hizo**.

2. **Hay** se usa solo en la tercera persona del singular: **hubo**.

3. Los verbos **ser** e **ir** tienen las mismas formas en el pretérito perfecto simple. Solo el contexto decide el significado:
   Fui a la tienda. (ir)
   Fui el mejor estudiante. (ser)

Tema 2 — PRETÉRITO PERFECTO SIMPLE

USOS

Cuando relatamos una historia que se desarrolla en el pasado, usamos el pretérito perfecto simple para narrar acciones consecutivas. Cada verbo es el paso siguiente de la narración, y cada acción se ve como una acción completa, acabada:

Inés: Figúrate, Pili, el mes pasado mi hija se escapó con un cantante de *rock* y se fueron a Madrid…
Pilar: Santo cielo… Y tú, ¿qué hiciste?
Inés: Pues fui a la estación, me compré un billete, subí al tren, viajé dos horas, llegué a Madrid, cogí un taxi, fui al piso de ese canalla, subí, y cuando me abrieron la puerta… les cogí las manos, les besé y dije: «Sed muy, muy felices…».

Los complementos temporales más frecuentemente usados con el pretérito perfecto simple son:

ayer, **anoche**, **hace tres días**, **la semana pasada**, **el año pasado**, **aquel día**, **aquel invierno**, **desde 1995 hasta 1998**, **cinco años**, etc.

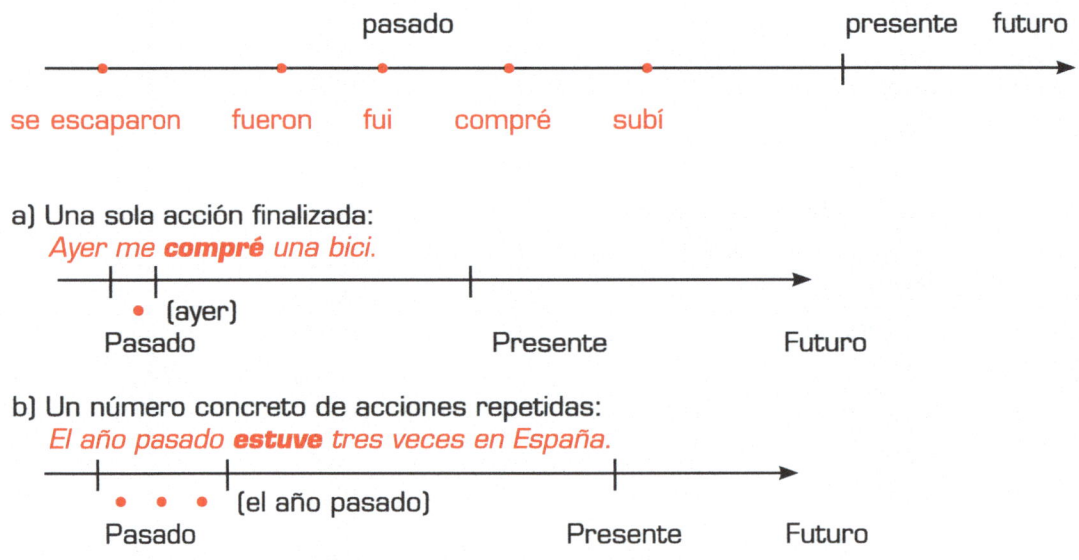

a) Una sola acción finalizada:
   *Ayer me **compré** una bici.*

b) Un número concreto de acciones repetidas:
   *El año pasado **estuve** tres veces en España.*

c) Un número inconcreto de acciones repetidas finalizadas:
   (El hablante las ve como una sola acción finalizada).
   *Aquel invierno **nevó** mucho.*

Ejercicios

1 Completa el ejercicio con la forma adecuada del verbo.

Ej.: tú → *tomaste*   él **tomó**   ellos **tomaron**

1. él → entró
2. tú y yo → aprendimos
3. Ana y yo → conocimos
4. mi hija → nació
5. tú → escribiste
6. yo → salí
7. Pili y Ana → pagaron
8. Carlos → jugó
9. tú y yo → llegamos
10. Ana → comenzó

vosotros....................
ella............................
Miguel........................
tus hijos....................
tú y yo......................
vosotros....................
nosotras...................
yo..............................
tú................................
yo..............................

yo..............................
tú................................
yo..............................
yo..............................
Ana e Inma...............
tú y yo......................
yo..............................
ellos..........................
yo..............................
vosotras...................

Aciertos: .... de 10

2 Agrupa los siguientes verbos.

vivo - vivimos - vivió - hablamos - habláis - hablo - habló - comimos
comí - come - comieron - comió - pagué - pagamos - pagáis
pagasteis - escribimos - escribís - escribes - salimos - llegamos

Solo presente	Solo pasado	Puede ser presente o pasado, según el contexto
vivo		

Aciertos: .... de 20

3 Completa el ejercicio según el modelo. Ahora / ayer.

Ej.: habláis / **hablasteis**

ahora	ayer	ahora	ayer
1. escribes	....	6. llegan	....
2. bebo	....	7. comemos	....
3. esperan	....	8. estudio	....
4. juego	....	9. comienzo	....
5. trabajamos	....	10. escribimos	....

Aciertos: .... de 10

Uso de los pasados

Tema 2: PRETÉRITO PERFECTO SIMPLE

4 Pon los verbos en la forma apropiada.

	yo	Juan	nosotros	mis abuelos
1. dormir	*dormí*	....	....	....

	Ana	yo	tú y yo	vosotros
2. construir	....	....	....	....

	tú	tus padres	tu hermana	yo
3. caer	....	....	....	....

	mis hermanos	Gabriel	yo	tú
4. oír	....	....	....	....

	nosotros	tu madre	sus amigos	vosotros
5. creer	....	....	....	....

	tú y yo	vosotras	tu novia	tus amigos
6. leer	....	....	....	....

	yo	mi novio	mis padres	tú
7. pedir	....	....	....	....

	tú y yo	tú	Miguel y Ana	su padre
8. sentir	....	....	....	....

Aciertos: .... de 31

5 Relaciona el verbo conjugado con la persona adecuada.

Ej.: *hicisteis / **vosotros***

yo   tú   Jorge   tú y yo   vosotros   Ángel y Pili

1. pude ....
2. quisieron ....
3. pusiste ....
4. supieron ....
5. estuve ....
6. quiso ....
7. fue ....
8. tuviste ....
9. vine ....
10. supo ....
11. hicieron ....
12. vinimos ....
13. estuvisteis ....
14. quise ....
15. fueron ....
16. fui ....
17. hizo ....
18. tuvieron ....
19. pudisteis ....
20. supimos ....
21. vinieron ....
22. fuiste ....
23. estuvimos ....
24. hice ....
25. quisisteis ....
26. tuvimos ....
27. puse ....
28. estuviste ....
29. vinieron ....

Aciertos: .... de 29

Uso de los pasados

Ejercicios

6. Completa el ejercicio con la forma adecuada del verbo.

Ej.: *Carmen* → *dijo*   *ellos* / **dijeron**   *yo* / **dije**

1. tú → trajiste
2. vosotros → tradujisteis
3. yo → produje
4. ellos → condujeron
5. tú y yo → fuimos
6. Ana y Pili → dieron

nosotros.................
yo.......................
la empresa.............
tú.......................
yo.......................
Paco....................

Ana y Pili.................
tú........................
nosotros.....................
yo.......................
Alberto...................
yo......................

Aciertos: .... **de 12**

7. Completa este crucigrama con las formas verbales.

Horizontales:

1. Querer (vosotros)
2. Saber (yo)
3. Caer (yo); poner (yo)
4. Huir (yo); decir (tú)
5. Oír (yo)
6. Conducir (nosotros)
7. Decir (yo)
8. Decir (ellos)
9. Hacer (ellos)
10. Leer (él)
11. Caer (él); ir (yo)
12. Oír (nosotros)

Verticales:

1. Hacer (él)
2. Hacer (yo)
4. Salir (yo)
5. Decir (yo)
6. Prod _ _ _ _ on (ellos)
7. Traducir (ellos)
10. Saber (nosotros); leer (yo)
11. Poner (tú)
12. Oír (él)
13. Ir (yo)

Aciertos: .... **de 25**

Tema 2

PRETÉRITO PERFECTO SIMPLE

8 Lee la siguiente historia, marca los verbos en pretérito perfecto simple y fíjate en el momento en que se han producido. Después anota lo que hizo Rafael.

Tenis con paella

Me llamo Rafael Castillo Ruiz, tengo 21 años. Vivo en Madrid. Soy universitario, estudio Informática. Acabo de terminar el segundo semestre: el viernes pasado aprobé mi último examen. Saqué un sobresaliente. Lo celebramos con una fiesta que duró hasta las cuatro de la madrugada, así que el sábado me levanté muy tarde, a eso de las doce. Almorcé a las dos y media. Después del almuerzo me eché la siesta. A las cinco llamé por teléfono a mi amigo. Le invité a jugar al tenis. Llegué al club de tenis a las seis y media. Jugamos un partido. Jugué muy bien y gané. Me cansé mucho. Álvaro, mi amigo, me invitó a cenar (el que pierde paga). De primero tomamos una ensalada riquísima, de segundo, yo tomé una paella marinera, Álvaro tomó callos a la madrileña. Y de postre, flan y sandía. La cena nos gustó mucho. Llegué a casa a eso de las doce.

	VIERNES	SÁBADO
Por la mañana	Ej.: *Aprobó su último examen*	....
Por la tarde	....	....
Por la noche	....	....

Aciertos: .... de 5

9 Marca si es verdadero (V) o falso (F).

Ej.: *Rafael llegó al club a las seis y media.* **V**

1. Rafael jugó muy bien. ☐
2. Después del almuerzo, Rafael estudió un rato. ☐
3. El sábado Rafael se levantó a las once. ☐
4. De segundo, Álvaro tomó una paella marinera. ☐
5. Rafael aprobó su último examen el martes pasado. ☐
6. Álvaro invitó a Rafael al club de tenis. ☐
7. De primero, tomaron flan y sandía. ☐
8. Álvaro tomó callos a la madrileña. ☐

Aciertos: .... de 8

Ejercicios

10 **Completa los diálogos con los verbos en pretérito perfecto simple.**

1. • ¿A qué hora te (levantar) **levantaste** el sábado pasado?
   • Me (levantar) .... a las doce.

2. • ¿A quién (llamar, tú) .... por teléfono?
   • (Llamar, yo) .... a mi amigo.

3. • ¿A qué lo (invitar) ....?
   • Lo (invitar) .... a jugar al tenis.

4. • ¿A qué hora (llegar, tú) .... al club?
   • (Llegar) .... al club a las seis y media.

5. • ¿Quién (ganar) .... el partido?
   • Lo (ganar) .... yo.

6. • En el restaurante, ¿qué (tomar, vosotros) ....?
   • Yo (tomar) .... paella, mi amigo (tomar) .... callos.

7. • ¿Os (gustar) .... la cena?
   • Sí, nos (gustar) .... mucho.

Aciertos: .... de 14

11 **Cuenta la siguiente historia en pretérito perfecto simple.**

Ej.: *El verano pasado, pasar una semana en Andalucía.*
El verano pasado el señor Sánchez pasó una semana en Andalucía.

1. Llegar el lunes, alojarse en Granada, en el hotel Las Palomas.
   ....

2. El martes, visitar la Alhambra.
   ....

3. El miércoles, bañarse en el mar y tomar el sol, todo el día.
   ....

4. Por la noche sus amigos, lo, invitar a ver una actuación de flamenco, degustar unos platos típicos.
   ....

5. El jueves, participar en una excursión a Gibraltar, cruzar el estrecho de Gibraltar en transbordador y pasar una tarde maravillosa en Ceuta.
   ....

6. El sábado, viajar a Sevilla, participar en un crucero por el río Guadalquivir, regresar por la noche.
   ....

Aciertos: .... de 6

Uso de los pasados

Tema 2
PRETÉRITO PERFECTO SIMPLE

12 **Transforma las frases según el modelo.**

Ej.: *Generalmente sueño contigo.*   Anoche **soñé contigo.**

1. Juan se despierta tarde.   El domingo pasado Juan se ....
2. Le muestro mi nuevo coche.   Hace tres días le ....
3. Juego al fútbol tres veces a la semana.   La semana pasada.........................
4. Normalmente me acuesto a las doce.   Aquella noche me ....
5. Este invierno nieva poco.   El invierno pasado ....
6. Hoy no me encuentro bien.   La semana pasada no me ....
7. Gabriel comienza a aprender a esquiar.   Aquel enero ....
8. Chimo juega en la tercera división.   Desde 1992 hasta 1999.................
9. En general nos acostamos tarde.   El martes pasado nos......................

Aciertos: .... de 9

13 **Transforma las frases según el modelo.**

Ej.: *No entiendo nada de la película.*
    Anoche no ***entendí nada de la película.***

1. Pierdo mi pasaporte.
   Anteayer ....
2. Comemos besugo.
   En aquella cena ....
3. Me escriben una carta.
   En agosto me..
4. Salgo con Antonio.
   Aquella noche ....
5. No reciben mi postal.
   Escribí a mis padres, pero no ....
6. Vendemos nuestra casa.
   El año pasado ....
7. Esta primavera llueve mucho.
   La primavera pasada ....
8. Le doy veinte euros.
   En aquella ocasión le ....
9. ¿Por qué le das una propina tan grande?
   ¿Ayer por qué le..?

Aciertos: .... de 9

Uso de los pasados

Ejercicios

14 **¿De quién se trata?**

A
1. Regresé a los 100 días.
2. Nací en una isla y morí en otra.
3. Regalé a mi hermano el trono español.

B
1. La reina de Inglaterra se negó a casarse conmigo.
2. Viví en España, en el siglo XVI.
3. Mandé construir El Escorial.

C
1. Participé en la batalla de Lepanto.
2. Morí en el mismo año que Shakespeare.
3. Yo escribí la novela más famosa de la literatura española.

D
1. Nací en Alemania, pero viví mucho tiempo en Estados Unidos.
2. Aprendí a tocar el violín.
3. Yo descubrí la teoría más revolucionaria (en física) del siglo XX.

E
1. Me asesinaron.
2. Pregunté algo a mi hijo adoptivo.
3. Crucé un río.

CERVANTES

NAPOLEÓN

FELIPE II

JULIO CÉSAR

EINSTEIN

Aciertos: .... de 4

15 **Relaciona las preguntas y las respuestas.**

Ej.: *¿Qué hiciste el domingo pasado?*

1. ¿Qué hicieron tus padres con el chalé?
2. ¿Hicisteis algo después del fútbol sala?
3. ¿Hizo usted algo cuando vio el accidente?
4. ¿Qué hiciste con aquellas flores?
5. ¿Dónde estuvisteis ayer por la tarde?
6. ¿A quién visitasteis ayer?

a. En seguida llamé a la ambulancia y a la policía.
b. Se las regalé a esa chica que tanto me gusta.
c. **Pues no hice nada, me quedé en casa y vi la tele.**
d. Nada especial, charlamos un rato y luego nos marchamos a casa.
e. Lo renovaron y vendieron por doscientos mil euros.
f. Fuimos a ver a la tía Marisa. Estuvimos toda la tarde con ella.
g. Estuvimos de compras en el centro.

Aciertos: .... de 6

TU NOVELA POLICÍACA

La historia misteriosa

Domingo, 20 de agosto

El inspector interroga a Ricardo Martínez, marido de la víctima.

Inspector: Señor Martínez, los vecinos afirman que a las dos de la madrugada usted mató a su esposa.

Sr. Martínez: No, señor inspector, yo no la maté, lo juro.

Inspector: ¿A qué hora salió de su casa ayer?

Sr. Martínez: A eso de las cinco.

Inspector: ¿Cerró con llave la puerta?

Sr. Martínez: Ya no me acuerdo.

Inspector: ¿Adónde fue usted?

Sr. Martínez: Bueno, como todos los sábados, fui al club y pasé allí la tarde. Cené y luego jugué a las cartas con el alcalde y el director del teatro.

Inspector: ¿Ganó o perdió?

Sr. Martínez: Perdí un poco de dinero, nada importante.

Inspector: ¿Hasta cuándo estuvo en el club?

Sr. Martínez: Estuve allí hasta las once y media, más o menos.

Inspector: ¿Luego se fue directamente a su casa?

Sr. Martínez: No, a las doce fui a ver a Lola Sánchez.

Inspector: ¿La célebre modelo?

Sr. Martínez: Sí, sí. Llegué a casa a eso de las tres y media de la madrugada. Abrí la puerta, apagué la luz, subí a mi cuarto y me acosté.

Inspector: ¿Entró usted en el dormitorio de su esposa cuando llegó?

Sr. Martínez: No, no, inspector. Me fui directamente a mi cuarto.

Continúa en la página 34

Capítulo 2

1 Pon en orden cronológico los movimientos del señor Martínez.

a. Abrí la puerta.
b. Luego jugué a las cartas.
c. Subí a mi cuarto.
d. Estuve en el club hasta las once y media.
e. Apagué la luz.
f. Perdí un poco de dinero.
g. Me acosté.
h. *Salí de casa a las cinco.*
i. Llegué a casa a las tres y media.
j. Fui al club.
k. Luego, a las doce, fui a ver a Lola Sánchez.
l. Cené en el club.

| 1 | *h* | 2 | | 3 | | 4 | | 5 | | 6 | | 7 | | 8 | | 9 | | 10 | | 11 | | 12 | |

Aciertos: .... de 11

2 Eres el amigo del señor Martínez. Convierte las preguntas formales (*usted*) del inspector en preguntas informales (*tú*).

Ej.: *¿A qué hora salió de casa ayer? / ¿A qué hora saliste de casa ayer?*

1. ¿Cerró usted con llave la puerta?
2. ¿Adónde fue usted?
3. ¿Ganó o perdió a las cartas?
4. ¿Hasta cuándo estuvo en el club?
5. ¿Luego se fue a su casa?
6. ¿A qué hora llegó usted a casa?
7. ¿Entró usted en el dormitorio de su esposa cuando llegó?

¿.................. con llave la puerta?
¿Adónde ....?
¿.................. o .... a las cartas?
¿Hasta cuándo .... en el club?
¿Luego te .... a casa?
¿A qué hora .... a casa?
¿.................. en el dormitorio de tu esposa cuando ....?

Aciertos: .... de 9

3 Aquí tienes las afirmaciones de unos testigos. ¿Puedes relacionarlas? (Algunos de ellos mienten, desde luego).

a. un taxista   b. el alcalde   c. Lola Sánchez
d. el camarero del club   e. un vagabundo

1. El señor Martínez cenó muy temprano. Luego llamó a un taxi y se fue.
2. Pues sí, lo vi aquella noche, delante de esa casa grande, con una pistola en la mano... ¿O con un bocadillo en la mano? Es difícil recordar los detalles...
3. Bueno, jugamos hasta las diez. Después no lo vi aquí en el club.
4. Sí, reconozco a este señor de la foto. Aquella noche, a la una de la madrugada, él y una señora muy bella me pararon. Los llevé a una casa de lujo.
5. ¿El señor Martínez? No, inspector, no estuvo en mi casa aquella noche...

| 1 | *d* | 2 | | 3 | | 4 | | 5 | |

Aciertos: .... de 4

Uso de los pasados

Tema 2
PRETÉRITO PERFECTO SIMPLE

16 **Completa las frases con uno de estos verbos en la forma adecuada.**

estar - haber - ir - ser - tener

Ej.: *Su último libro* **tuvo** *mucho éxito.*

1. El verano pasado mis padres .... en Sierra Nevada.
2. El mes pasado .... elecciones en Francia.
3. José, ¿cuántos exámenes .... el semestre pasado?
4. Ayer (yo) .... todo el día en la playa.
5. Mis amigos .... a Granada, pero yo no .... con ellos.
6. La semana pasada no .... clases en la universidad.
7. «Anoche (yo) .... un sueño» es mi canción preferida.
8. Señor Pérez, ¿dónde .... usted la semana pasada?
9. En el último examen (yo) .... mala suerte.
10. El partido de ayer entre el Real y el Barça .... en el Camp Nou.

Aciertos: .... de 11

17 **Transforma las frases como en el ejemplo.**

Ej.: *Ayer trabajamos todo el día.* / ***Ayer estuvimos trabajando todo el día.***

1. El martes estudié toda la tarde. ....
2. El otro día visité a Carmen. ....
3. El domingo jugamos al fútbol hasta las siete. ....
4. Anoche vimos las fotos de la excursión. ....
5. El sábado reparé el coche hasta las diez. ....

Aciertos: .... de 5

NOTAS:

***Estar* en pretérito perfecto simple + gerundio**

Con esta estructura el hablante puede expresar dos valores diferentes:

a) Que la acción le parece larga, pesada, estupenda etc., es decir, la estructura conlleva emoción:
Ayer estuvimos trabajando todo el día.
El sábado estuvimos bailando toda la noche.

b) Que desea seguir hablando del tema:
Anoche estuve hablando con Jorge y me contó que...

Ejercicios

18 **Lee la siguiente historia.**

Alberto relata el terremoto que vivió en su infancia

Me llamo Alberto, soy colombiano. Nací en Bogotá, en la capital de Colombia. Tengo cuarenta y tres años, soy médico. Decidí ser médico para ayudar en las catástrofes ya que, hace unos treinta años, hubo un terremoto en mi ciudad que no olvidaré.

Primero oímos un ruido. El ruido fue cada vez más fuerte y, de repente, la tierra comenzó a temblar. El asfalto de la calle se abrió. Me dio mucho miedo, no supe qué hacer. Me caí. Luego me puse en pie y corrí hacia nuestra casa. Quise entrar, pero no pude. Por suerte vinieron los bomberos. Pusieron una escalera al pie de la pared, uno de ellos subió, entró en la casa por la ventana rota y sacó en brazos a mi hermano menor. Un minuto después vino otro temblor y la casa se cayó.

Así perdimos nuestra casa, pero cuando nuestros padres regresaron y nos encontraron vivos, se pusieron muy, muy contentos.

19 **Contesta a las preguntas con frases completas.**

Ej.: *¿Cuándo ocurrió el terremoto? / **Ocurrió hace unos treinta años.***

1. ¿Qué oyeron primero? ....
2. ¿Cómo fue el ruido? ....
3. ¿Qué le pasó a Alberto? ....
4. ¿Adónde corrió luego?..
5. ¿Qué quiso hacer cuando llegó a casa?...
6. ¿Quiénes vinieron?...
7. ¿A quién sacó de la casa uno de los bomberos?...............................
8. ¿Qué ocurrió con la casa un minuto después? ....

Aciertos: .... **de 8**

20 **Pon los verbos en pretérito perfecto simple.**

Ej.: *La (invitar, yo) **invité** al cine, pero ella no (querer) **quiso** venir.*

1. Nuestros amigos no (venir) .... a la fiesta.
2. ¿Por qué no (venir, vosotros) .... a ver el partido?
3. (Querer, yo) .... traducir el artículo, pero no (poder) ....
4. Cuando Chimo lo (saber) ...., se (poner) .... muy enfadado.
5. Juanito (romper) .... el florero, pero sus padres no lo (saber) ....

Aciertos: .... **de 8**

Uso de los pasados

Tema 2

PRETÉRITO PERFECTO SIMPLE

21 Lee esta biografía y contesta a las preguntas con frases completas.

Félix Lope de Vega Carpio nació en 1562 en Madrid; fue estudiante y soldado en su juventud, aunque bien pronto se dedicó enteramente a la literatura. Estuvo casado dos veces y se hizo sacerdote en su vejez. Fue el dramaturgo más popular de su época, escribió más de mil ochocientas obras teatrales. Aparte de su obra dramática, cultivó la poesía lírica en todos los tonos... Sin duda alguna, el género que le dio mayor popularidad fue el teatro. Murió en 1635.

Ej.: ¿Cuándo nació Lope de Vega? *Nació en 1562.*

1. ¿Qué fue en su juventud? ....
2. ¿Cuántas veces estuvo casado? ....
3. ¿Qué se hizo en su vejez? ....
4. ¿Cuántas obras teatrales escribió? ....
5. ¿Cuál fue el género que le dio mayor popularidad? ....
6. ¿Cuándo murió? ....

Aciertos: .... **de 6**

22 Completa esta biografía de Cervantes con uno de los verbos en pretérito perfecto simple.

*aprender - escribir - **nacer** - participar
pasar - perder - vivir - morir*

Ej.: Miguel de Cervantes Saavedra *nació* en Alcalá de Henares (1547).

Sus años adolescentes los 1. .... en Valladolid, Madrid y diversas ciudades andaluzas. 2. .... varios años en Italia, allí 3. .... el nuevo arte de la novela. 4. .... en la batalla naval de Lepanto, donde 5. .... el uso de su mano izquierda. 6. .... la novela más destacada de toda la literatura española. 7. .... en 1616.

Aciertos: .... **de 7**

Notas:

El pretérito perfecto simple: el tiempo verbal de las biografías

Una biografía o autobiografía se narra con el pretérito perfecto simple, porque relata hechos concretos que sucedieron en el pasado de un individuo.

Ejercicios

23 **Completa la autobiografía de Hilario Vázquez Gil.**

Ej.: *(Nacer, yo)* **Nací** *en 1961.*

(Cursar) 1. .... mis estudios elementales en el colegio bilingüe José Sagasta de Madrid. En 1975 me (matricular) 2. .... en el Instituto García Lorca de la capital de España. En 1980 (ingresar) 3. .... en la Universidad Complutense de Madrid, donde (estudiar) 4. .... Literatura. Me (licenciar) 5. .... en 1985. En 1992 me (invitar, ellos) 6. .... a enseñar a la Universidad de Gotinga, en la que (trabajar) 7. .... durante siete años. En 1999 (regresar) 8. .... a España. En 2001 (publicar) 9. .... un libro sobre temas filológicos.

Aciertos: .... **de 9**

24 **Completa con el verbo *ser* en la forma adecuada del pretérito perfecto simple.**

Ej.: *Su primera esposa* **fue** *Greta Garbo.*

1. El esposo de Juana la Loca .... Felipe el Hermoso.
2. .... los Reyes Católicos quienes terminaron la Reconquista.
3. El viaje .... muy largo.
4. Cervantes y Defoe .... escritores.
5. Desde 1992 hasta 1996 yo .... el director del instituto.
6. Neil Armstrong .... la primera persona que pisó la Luna.

Aciertos: .... **de 6**

NOTAS:

Usos del verbo *ser*

1. Pedir o dar información sobre la identidad de una persona:

    ¿Quién fue Felipe II? Fue un rey español.

2. Expresar que alguien hizo algo:

    Padre: Anoche alguien rompió la ventana. ¿Fuiste tú?
    Juan: ¡No fui yo! ¡Fue Miguel!

3. Calificar sucesos o periodos pasados:

    El partido fue muy emocionante.
    Fue el mejor día de mi vida.

TU NOVELA POLICÍACA

LA HISTORIA MISTERIOSA

Domingo, 20 de agosto

El inspector interroga a la vecina de la víctima, una anciana de noventa años:

Inspector: Señora Jiménez, ¿quiere usted contarnos otra vez lo que nos contó cuando encontramos el cadáver?

Sra. J: ¿Perdón?

Inspector: Que qué hizo usted ayer por la tarde.

Sra. J: Pues llegué de la iglesia a las cinco de la tarde. En la puerta de mi casa me paré y abrí el bolso para buscar mi llave, y fue entonces cuando vi al señor Martínez entrar en su casa.

Inspector: ¿Está usted segura de que lo vio «entrar» y «no salir»?

Sra. J: Desde luego, inspector. El señor Martínez entró y cerró la puerta con llave.

Inspector: Y luego, ¿qué hizo usted? ¿Cómo pasó el resto de la noche? ¿Vio u oyó algo?

Sra. J: ¿Cómo? Es que no le oigo muy bien.

Inspector: Que qué hizo usted luego.

Sra. J.: Bueno, me acosté temprano, pero no me dormí. A eso de las dos de la madrugada oí a alguien abrir la puerta de los Martínez. Y después de unos tres minutos oí un disparo y un grito... ¡Fue horrible!

Inspector: ¿Vio usted quién fue el que entró?

Sra. J.: No lo vi, inspector, pero estoy segura de que el asesino fue una de estas tres personas: su esposo, su amante (Enrique Peralta, el famoso cantante) o la esposa del cantante, Lola Sánchez. Sí, una de esas tres personas...

Inspector: Venga, señora Jiménez, muchas gracias por su ayuda.

Sra. Jiménez: Pero eso no es todo, inspector. Después de desayunar, salí al parque para tomar un poco de aire fresco y, de regreso a mi casa, un coche negro, muy grande, a una velocidad enorme, subió a la acera y por poco me atropella.

Continúa en la página 41

Capítulo 3

1 **Contesta a las preguntas.**

1. ¿Dónde estuvo la señora Jiménez? ....
2. ¿A qué hora llegó a casa? ....
3. ¿A quién vio cuando llegó a casa? ....
4. ¿Qué hizo? ....
5. ¿Cuándo oyó un grito? ....
6. ¿Vio a alguien? ....
7. ¿Quién fue, según ella, el asesino? ....

Aciertos: .... **de 7**

2 **Completa las frases con la forma adecuada de los siguientes verbos.**

ver - cerrar - acostar - *estar* - matar
llegar - ir - entrar - despertar - oír - saber
quedar - encontrar

Ej.: La anciana *estuvo* en la iglesia.

1. Después se .... a casa.
2. Cuando .... a casa, se .... en el portal buscando su llave y .... llegar al marido de la actriz.
3. El señor Martínez .... en su casa.
4. El señor Martínez .... la puerta con llave.
5. Por fin la anciana .... la llave en su bolso.
6. La anciana se .... temprano.
7. A las dos a la anciana le .... el ruido de alguien abriendo la puerta de los Martínez.
8. Un poco después la anciana .... un grito. La anciana no .... decir quién .... a Penélope Luz.

Aciertos: .... **de 12**

Notas:

Después de *por poco / casi*, aunque se trate de una acción pasada, se usa el presente:
Me asusté tanto que casi / por poco me caigo de la silla. (En esta estructura no se puede decir: *me caí*).

Uso de los pasados

Tema 2 — PRETÉRITO PERFECTO SIMPLE

Test de repaso

1 Esto es lo que hiciste ayer: pon los verbos en la forma adecuada.

Ej.: Me (levantar) **levanté** temprano.

(Ir) 1. .... a la cocina, me (beber) 2. .... un refresco y luego (salir) 3. .... de casa. (Llegar) 4. .... a la universidad a las nueve, (tener) 5. .... cinco clases. (Estar) 6. .... allí hasta las dos. Por la tarde (traducir) 7. .... un artículo en la biblioteca, y luego me (ir) 8. .... a casa. Mi hermano menor me (pedir, él) 9. .... un poco de dinero, le (dar) 10. .... diez euros. Por la noche (salir) 11. .... con mis amigos, (ir, nosotros) 12. .... al bar Sócrates, (estar, nosotros) 13. .... allí hasta las dos. Cuando (llegar, yo) 14. .... a casa a las tres, (entrar) 15. .... en mi cuarto y me (poner) 16. .... a estudiar...

Aciertos: .... de 16

2 Elige la opción adecuada.

En Navidades estuve en Burgos para visitar a Merche. Me lo 1. **pasé** muy bien con mis amigos de allí. Dos veces 2. .... en el bar Albatros y 3. .... a casa a las cuatro de la madrugada. La segunda vez no 4. .... suerte porque cuando 5. .... la puerta al llegar a casa, la madre de Merche se 6. ...., puedes imaginarte el resto, y luego ya no nos 7. .... salir. El sábado pasado Ana y yo 8. .... al cine, 9. .... *Todo sobre mi madre*, nos 10. .... mucho. En enero mis padres 11. .... en Buenos Aires, yo no 12. .... con ellos, 13. .... que quedarme en Valencia por los exámenes. Dicen que es una ciudad fantástica.

1. a. *pasé*   b. *hablamos*   c. *fui*
2. a. fuimos   b. estuvimos   c. tuvimos
3. a. llegamos   b. quedamos   c. estuvimos
4. a. estuvimos   b. tuvimos   c. fui
5. a. abristeis   b. estuvimos   c. abrimos
6. a. desperté   b. despertaron   c. despertó
7. a. dejó   b. dejaste   c. dejamos
8. a. estuve   b. fuimos   c. vimos
9. a. vi   b. dimos   c. vimos
10. a. gustó   b. gustamos   c. quisimos
11. a. fuisteis   b. fueron   c. estuvieron
12. a. fui   b. fue   c. estuvo
13. a. vi   b. di   c. tuve

Aciertos: .... de 12

Uso de los pasados

Tema 3

CONTRASTE: PRETÉRITO PERFECTO SIMPLE / COMPUESTO

- **CONTRASTE ENTRE EL PRETÉRITO PERFECTO SIMPLE Y EL COMPUESTO** .... PÁG. 38
- **EJERCICIOS** .... PÁG. 39
- **LA HISTORIA MISTERIOSA** .... PÁG. 41
- **TEST DE REPASO** .... PÁG. 42

La historia misteriosa

Cuarto capítulo de la novela
- El inspector está haciendo un repaso de sus notas.

Hola, Santi, ¿de dónde vienes con esa mochila? ¿Dónde has estado?

Hola, Carlos. Pues vengo de Santiago de Compostela, he hecho el Camino de Santiago. He ido solo, en bici, ha sido fantástico, alucinante. He visto paisajes maravillosos, he conocido a mucha gente.

Observa

Yo hice el Camino el verano pasado. Lo hice a pie, recorrí todo el Camino Francés, desde Roncesvalles hasta Finisterre: 900 kilómetros en total. Fue brutal por el calor, muy duro, pero valió la pena.

Uso de los pasados

Tema 3

CONTRASTE: PRETÉRITO PERFECTO SIMPLE / COMPUESTO

USOS

El **pretérito perfecto simple** habla de algo que pertenece al pasado y ya no tiene ninguna relación con el presente:

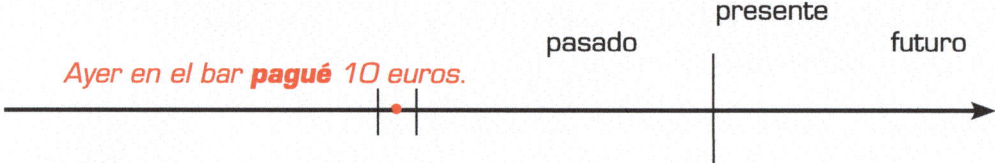

El **pretérito perfecto compuesto**, en cambio, habla de algo que, de algún modo, está relacionado con el presente:

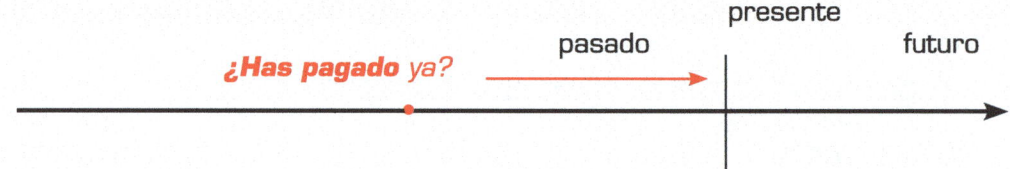

Los complementos temporales nos ayudan a orientarnos: si incluyen el momento presente (**hoy, esta semana**, etc.) o denotan un tiempo que está cerca del presente (**hace poco, hace un minuto**) se usa el pretérito perfecto compuesto. Si no lo incluyen (**ayer, la semana pasada**, etc.), se usa el pretérito perfecto simple.

Pretérito perfecto simple
*Ayer me **levanté** tarde.*
*El verano pasado **estuvimos** en Cancún.*

Pretérito perfecto compuesto
*Hoy me **he levantado** tarde.*
*Este verano **hemos estado** en Cancún.*

Sin complementos temporales el pretérito perfecto compuesto y el simple pueden ser intercambiables. En estos casos, el hablante decide si considera las acciones pertenecientes al presente o al pasado. Fíjate en estas dos posibilidades en el siguiente ejemplo.

Manolo regresó de Italia la semana pasada. Ahora escribe la siguiente carta a su amigo italiano:

*Nunca olvidaré los días que **he pasado** en Italia, **han sido** estupendos.*

Sin embargo, la misma persona en la misma situación puede considerar las acciones como pertenecientes al pasado y entonces escribirá:

*Nunca olvidaré los días que **pasé** en Italia, **fueron** estupendos.*

Ejercicios

1 Clasifica estas expresiones temporales de acuerdo a si van con el verbo en pretérito perfecto compuesto o en pretérito perfecto simple.

	He estado	Estuve
Ej.: esta mañana	X	☐
1. ayer	☐	☐
2. hace un rato	☐	☐
3. el año pasado	☐	☐
4. este fin de semana	☐	☐
5. el fin de semana pasado	☐	☐
6. en 1999	☐	☐
7. a los 14 años	☐	☐
8. hace cinco minutos	☐	☐
9. hasta ahora	☐	☐
10. hace 3 años	☐	☐
11. el mes pasado	☐	☐
12. en julio	☐	☐
13. últimamente	☐	☐
14. aún/ya	☐	☐

Aciertos: .... de 14

2 Elige la forma correcta.

Ej.: Todavía no desayuné / **he desayunado**.

1. El mes pasado *cobré / he cobrado* poco.
2. ¿Qué *hiciste / has hecho* hoy?
3. Estoy cansado, *trabajé / he trabajado* todo el día.
4. El jefe no *llegó / ha llegado* aún.
5. *Llegué / He llegado* a España el martes pasado.
6. ¿*Cenasteis / Habéis cenado* ya?
7. *Encontré / He encontrado* la llave, podemos irnos.
8. ¿A cuántos amigos *invitaste / has invitado* hasta ahora?
9. El sábado pasado *cené / he cenado* con los Peralta.

Aciertos: .... de 9

Tema 3

CONTRASTE: PRETÉRITO PERFECTO SIMPLE / COMPUESTO

3 Completa el ejercicio con la forma adecuada de los siguientes verbos.

ser - estar - haber - tener

Ej.: *Esta semana (yo) **he estado** enfermo.*

1. El Greco .... pintor.
2. El mes pasado nosotros .... tres exámenes.
3. La semana pasada Elena .... enferma.
4. Hoy .... un accidente en nuestra calle.
5. Ya son las once, ¿dónde (tú) ....?
6. Ayer en el examen .... mala suerte y no aprobé.
7. La semana pasada .... un incendio en el monte.
8. Este semestre yo .... seis exámenes y quedan dos más.
9. Nunca olvidaré este partido, ... el peor que hemos jugado en esta temporada.

Aciertos: .... **de 9**

NOTAS:

1. En América Latina la forma *vosotros* (*habláis, coméis* o *vivís*) no se usa: en su lugar se utiliza la tercera persona del plural. Compara:
   España: *¿Dónde estuvisteis ayer?*
   América: *¿Dónde estuvieron (ustedes) ayer?*

2. En América Latina, el pretérito perfecto compuesto apenas se utiliza, en su lugar se usa el pretérito perfecto simple:
   España: *Estoy cansado, he trabajado mucho.*
   América: *Estoy cansado, trabajé mucho.*

4 ¿Cómo lo diría un latinoamericano?

Un español	Un latinoamericano
Ej.: *¿Te has cansado?*	*¿Te cansaste?*
1. ¿Qué has hecho hoy?	¿............................?
2. Todavía no he comido nada.	¿............................?
3. Esta semana he trabajado mucho.	¿............................?
4. Esta tarde hemos estado en la playa.	¿............................?
5. ¿Dónde habéis estado?	¿............................?
6. ¿Qué película habéis visto?	¿............................?
7. ¿Vosotros qué hicisteis ayer?	¿............................?
8. ¿Adónde fuisteis anoche?	¿............................?

Aciertos: .... **de 8**

TU NOVELA POLICÍACA

LA HISTORIA MISTERIOSA

Domingo, 20 de agosto

El inspector está haciendo un repaso de sus notas:

—La víctima, Penélope Luz, volvió ayer sábado de un viaje por Latinoamérica. ¿Estuvo sola?

—La semana pasada Enrique Peralta estuvo de viaje en México. ¿Con Penélope Luz?

—La anciana ha dicho que oyó un grito, un disparo y un golpe de algo que cayó al suelo, probablemente la actriz.

—Ricardo Martínez (esposo) ha dicho que salió de casa a eso de las cinco. La señora Jiménez ha afirmado que lo vio «entrar». ¿Quién ha dicho la verdad?

—Penélope Luz estuvo, probablemente, sola hasta el asesinato. ¿O no?

—El crimen fue a las 2. Eso ha dicho esta mañana la vecina.

—Ricardo Martínez estuvo con Lola Sánchez. ¿Son amantes?

—Su marido, Enrique Peralta, y Penélope Luz han sido amantes también.

—La vecina dice que oyó el disparo a las 2 de la noche. He notado que es un poco sorda. ¿El disparo fue realmente a las 2?

—Martínez ha dicho que volvió a casa a eso de las 3:30. No hay testigos.

—La doncella ha vuelto a casa esta mañana. ¿Dónde ha pasado la noche? Preguntar.

—Esta tarde alguien se ha comido mi bocadillo de jamón. ¿Ha sido el sargento Cambra? Investigar.

Continúa en la página 54

1 Decide si en las siguientes afirmaciones el inspector está o no está convencido.

	está	no está
Ej.: *A las 2 hubo un disparo.*	☐	☒
1. Ricardo Martínez salió de casa a las 5 de la tarde.	☐	☐
2. La actriz estuvo de viaje por Latinoamérica hasta el sábado.	☐	☐
3. A las 5 la señora Jiménez vio entrar al Sr. Martínez en casa.	☐	☐
4. Ricardo Martínez tuvo un cita con Lola Sánchez.	☐	☐
5. La doncella ha vuelto a casa esta mañana.	☐	☐
6. Penélope Luz estuvo sola hasta el asesinato.	☐	☐
7. Enrique Peralta estuvo de viaje en México.	☐	☐
8. Enrique Peralta y Penélope Luz viajaron juntos a México.	☐	☐
9. Fue el sargento Cambra el que se comió el bocadillo.	☐	☐

Aciertos: .... de 9

Uso de los pasados

Tema 3

CONTRASTE: PRETÉRITO PERFECTO SIMPLE / COMPUESTO

Test de repaso

1 Elige la opción correcta en las siguientes situaciones.

Ej.: ● *Marta, cuéntame, cuéntame, ¿qué tal el examen?*
● *Pues ¡aprobé /* ***he aprobado****!*

● Miguel, ¿1. *viste / has visto* a Susa? Quiero hablar con ella.
● Hoy todavía no la 2. *vi / he visto*. La última vez que la 3. *vi / he visto* 4. *fue / ha sido* anteayer en la biblioteca.

● Jorge cuenta que el verano pasado 5. *estuvieron / han estado* en Costa Rica y lo 6. *pasaron / han pasado* muy bien. ¿Tú 7. *estuviste / has estado* alguna vez?
● ¡Ojalá! En Centroamérica nunca 8. *estuve / he estado*. Una vez, hace seis o siete años, 9. *pasé / he pasado* unos días en Uruguay y me 10. *gustó / ha gustado* mucho, pero en Costa Rica, nunca.

● ¡Qué atasco!
● Sí, la radio dice que 11. *hubo / ha habido* un accidente grave cerca de la Puerta del Sol y la policía 12. *cerró / ha cerrado* todas las calles que desembocan.

● La última vez que 13. *estuve / he estado* en vuestra ciudad 14. *fue / ha sido* en 2012. ¿Hay muchos cambios?
● Pues hay bastantes: 15. *construimos / hemos construido* una piscina cubierta, 16. *renovamos / hemos renovado* el teatro… Pero 17. *ocurrieron / han ocurrido* cosas desagradables también: por ejemplo, el verano pasado 18. *hubo / ha habido* un incendio que 19. *destruyó / ha destruido* por completo la mejor pastelería de la ciudad…

● Estamos muy ilusionados, 20. *¡nació / ha nacido* nuestro segundo hijo! ¡Mide 50 cm y pesa 3 kilos!
● Enhorabuena, José. Por cierto, ¿cuándo 21. *nació / ha nacido* vuestro primer hijo?

● Por cierto, todavía no te 22. *pregunté / he preguntado*: 23. *¿pudiste / has podido* vender el coche?
● Todavía no, por desgracia. El otro día un tío me 24. *llamó / ha llamado* y 25. *preguntó / ha preguntado* por el precio y tal, pero por fin no lo 26. *compró / ha comprado*.

Aciertos: ……………… de 26

Tema 4

PRETÉRITO IMPERFECTO

- **FORMA DEL PRETÉRITO IMPERFECTO** .... PÁG. 44
- **USOS DEL PRETÉRITO IMPERFECTO** .... PÁG. 45
- **EJERCICIOS** .... PÁG. 46
- **LA HISTORIA MISTERIOSA** .... PÁG. 54
- **TEST DE REPASO** .... PÁG. 56

LA HISTORIA MISTERIOSA

Quinto capítulo de la novela
- El inspector describe a los personajes.

Observa

¿Cómo eras de pequeño?

No sé, era muy alegre, me gustaba jugar y bromear mucho y, como vivía en un pueblo pequeño, estaba todo el día en el campo. ¿Y tú?

Yo no, yo era muy tímido. Me pasaba el día en casa: veía mucho la tele, leía cuentos...

Uso de los pasados

Tema 4 — PRETÉRITO IMPERFECTO

FORMA

- **Verbos regulares**

El imperfecto de los verbos regulares se forma con las siguientes terminaciones:

	VERBOS –AR	VERBOS –ER e –IR
Yo Tú Él, ella, usted Nosotros, nosotras Vosotros, vosotras Ellos, ellas, ustedes	-aba -abas -aba -ábamos -abais -aban	-ía -ías -ía -íamos -íais -ían
	Hablar hablaba hablabas hablaba hablábamos hablabais hablaban	**Comer** / **Vivir** comía / vivía comías / vivías comía / vivía comíamos / vivíamos comíais / vivíais comían / vivían
	hay (haber): había	

- **Verbos irregulares**

En el imperfecto solo tres verbos son irregulares: **ser**, **ir** y **ver**.

Ser	Ir	Ver
era	iba	veía
eras	ibas	veías
era	iba	veía
éramos	íbamos	veíamos
erais	ibais	veíais
eran	iban	veían

> **NOTAS:**
>
> Las primeras y las terceras personas del singular coinciden. Si la frase no lleva sujeto, del contexto generalmente se descubre de quién se trata:
>
> *Entré en el bar. Tenía sed y estaba cansado.* (De mí, porque *entré* es 1.ª persona).
> *Entró en el bar. Tenía sed y estaba cansado.* (De él/ella, porque *entró* es 3.ª persona).

Uso de los pasados

Forma y usos

- **El imperfecto se utiliza para expresar:**

1. Una sola acción pasada, que puede ser:
    a) Descripción:
    *Su esposa **era** una mujer muy simpática (entonces).*
    b) Una acción en proceso:
    *A las doce ya todo el mundo **comía**.*
    c) Una acción en proceso mientras se produce otra acción:
    *Cuando llegué, mis hijos **dormían**.*

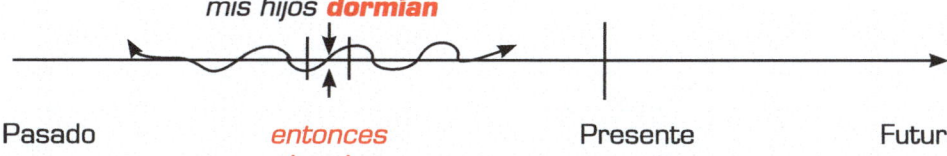

2. Una acción que se repite habitualmente o regularmente:
    *Los fines de semana **íbamos** de excursión.*

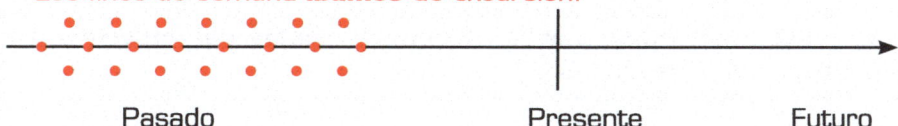

NOTAS:

1. El imperfecto, además de los valores aquí mencionados, también puede:
    a) Expresar cortesía, con ciertos verbos (**querer**, **desear**, **poder**, etc.):
    Quería unos zapatos. (= Quiero unos zapatos).
    b) Sustituir el condicional simple:
    Si tuviera dinero, claro que me lo compraba. (= compraría).

2. Los complementos temporales que en muchas ocasiones se utilizan con el imperfecto son los siguientes: **antes**, **en aquel entonces**, **los domingos**, **cada día**, **todos los días**, **en aquella época**, **generalmente**, **por lo general**, **cuando era niño/universitario**, etc.
    En aquel entonces estaba en Madrid.
    Antes no trabajaba tanto.
    En aquella época vivíamos en el extranjero.

Tema 4 — PRETÉRITO IMPERFECTO

Ejercicios

1 Conjuga los siguientes verbos en imperfecto.

1. jugar
Ej.: *jugaba* ....

2. tener
....

3. venir
....

4. dar
....

5. ser
....

6. ir
....

Aciertos: .... de 35

2 Completa este crucigrama con las formas verbales del imperfecto y podrás leer una pregunta. Respóndela.

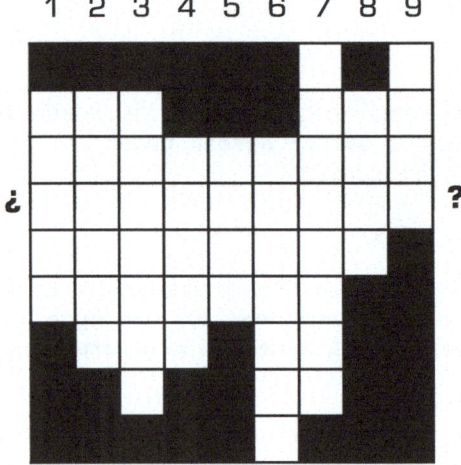

Verticales:
1. hacer, él
2. llover
3. comer, vosotros
4. doler, la garganta
5. ver, él
6. estar, tú
7. pintar, ellas
8. ir, ellos
9. ser, tú

Aciertos: .... de 9

Uso de los pasados

Ejercicios

3 **Lee la siguiente historia y marca los verbos en imperfecto.**

La ciudad se llamaba Torrevieja, estaba a unos cincuenta kilómetros al sur de Alicante. Era muy turística y muy bonita. En el centro de la ciudad solo había dos hoteles, el resto estaba cerca de la playa. Nuestro *camping* estaba junto a la carretera de Cartagena. Era un *camping* muy bien cuidado: había árboles, un césped muy verde, tenía un supermercado, una cafetería y había también un centro polideportivo. En el centro del *camping* había dos piscinas. Nuestra tienda de campaña estaba entre una de las piscinas y la recepción. La recepcionista era una joven de unos veinte años. Era bajita, tenía el pelo corto, llevaba gafas. Hablaba inglés, francés e italiano. Parecía una chica muy simpática.

Aciertos: .... **de 18**

4 **Marca si es verdadero (V) o falso (F).**

Ej.: *Nuestra tienda de campaña estaba entre las dos piscinas.* **F**

1. En el *camping* no había árboles.
2. La ciudad era muy turística y bonita.
3. En el centro del *camping* había tres piscinas.
4. La recepcionista parecía una chica muy simpática.
5. La recepcionista hablaba tres lenguas.
6. Nuestro *camping* estaba junto a la carretera.
7. En el centro de la ciudad había varios hoteles.
8. La recepcionista era alta.
9. El *camping* estaba lejos del centro deportivo.

Aciertos: .... **de 9**

> **NOTAS:**
> **Descripción**
>
> Cuando describimos a personas o cosas en el pasado, usamos el imperfecto:
> *Carmen tenía ojos grises.*
> *La ciudad era muy bonita.*

Tema 4

PRETÉRITO IMPERFECTO

5 Las descripciones de estas tres personas aparecen fragmentadas y mezcladas. Descubre cuáles corresponden a cada una (hay cinco frases para cada uno de ellas).

Ej.: *Le faltaba una pierna y se apoyaba en una muleta.*

1. Vestía trajes muy elegantes.
2. No tenía pelo.
3. Estaba orgulloso de sus enormes bigotes.
4. Vestía un capote de marinero.
5. Medía cien centímetros.
6. Tenía cuarenta y tres dientes.
7. Llevaba pendientes y un pañuelo rojo.
8. Era un hombrecito pequeño, su cabeza tenía forma de huevo.
9. Hablaba el inglés con acento, ya que era belga.
10. Su piel era verde.
11. Era alto y robusto, su pelo sucio le caía sobre los hombros.
12. Su piel estaba quemada por el sol.
13. Era una persona de orden y método.
14. Tenía dos corazones.

A El Sr. Poirot, famoso detective de Agatha Christie

B El pirata John el Largo

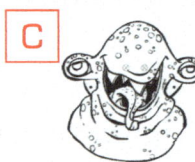

C Un marciano

Aciertos: .... de 14

6 Completa con el verbo apropiado.

había - estaba - era - tenía

El hotel San Agustín (Ej.:) **era** un hotel de tres estrellas, 1. .... a unos trescientos metros de la playa. El hotel 2. .... dos aparcamientos: uno 3. .... debajo del edificio, el otro 4. .... detrás. En la planta baja 5. .... un restaurante, 6. .... a la derecha de la entrada. La sala de juegos 7. .... entre el restaurante y la recepción. Nuestra habitación 8. .... en la segunda planta. 9. .... una habitación doble. La habitación 10. .... un baño y un balcón. En la habitación no 11. .... muchos muebles: 12. .... una cama de matrimonio, 13. .... junto a la pared. 14. .... bastante cómoda. 15. .... también un televisor, 16. .... un poco antiguo, 17. .... en un rincón. El mueble bar 18. .... debajo del televisor. En el mueble bar 19. .... muchas bebidas.

Aciertos: .... de 19

Ejercicios

7 **Lee la siguiente historia y contesta a las preguntas con frases completas.**

Cuando don Francisco era niño
(monólogo)

Cuando era niño, vivíamos en un pueblo pequeño que se llamaba Brea, cerca de Zaragoza. Nuestra casa estaba en el centro, a unos cien metros de la iglesia. Éramos cinco: mis padres, mis abuelos paternos y yo. Mi abuelo era maestro, pero ya no trabajaba, estaba jubilado. Mi abuela era ama de casa. Mis padres enseñaban en el colegio del pueblo.

En aquella época la vida era muy distinta. Cuando yo tenía diez años, en todo el pueblo había solo dos televisores. Uno estaba en el ayuntamiento, el otro estaba en la biblioteca municipal. Los lunes y los viernes no había programa: el resto de los días los programas por lo general comenzaban a eso de las cinco de la tarde y terminaban a las diez y media. Todo el mundo quería ver todo lo que emitían. Como no había bastantes sillas, a eso de las cuatro y media se veía a mucha gente por las calles que iba hacia el ayuntamiento o hacia la biblioteca municipal, con sillas en la mano, para poder ver la tele sentada.

Ej.: *¿Cómo se llamaba el pueblo donde vivían? /* **Se llamaba Brea.**

1. ¿Dónde estaba su casa? ....
2. ¿Cuántos eran? ....
3. ¿Qué era su abuelo? ....
4. ¿Por qué no trabajaba? ....
5. ¿Qué hacían sus padres? ....
6. ¿Cuántos televisores había en el pueblo? ....
7. ¿Dónde estaban los televisores? ....
8. ¿Había programas todos los días? ....
9. ¿Cuándo comenzaban y terminaban los programas? ....

Aciertos: .... **de 9**

Notas:

Acciones habituales

1. Cuando hablamos de acciones habituales del pasado, usamos el imperfecto:
    Cuando era joven, jugaba al tenis.
    Los domingos íbamos a la playa.
    Como mi padre decía...

2. Con el verbo modal **soler** expresamos acciones habituales, por eso lo usamos solo en imperfecto:
    Los domingos por la tarde solíamos jugar a las cartas.

Tema 4
PRETÉRITO IMPERFECTO

8 **Pon los verbos en imperfecto. (Continuación del monólogo de don Francisco).**

En el pueblo solo tres personas *tienen* (Ej.:) ***tenían*** coche: el alcalde, el médico y el veterinario. Además, *hay* 1. .... unas motos, pero la mayoría de la gente *va* 2. .... a todas partes en bici. Mi padre *tiene* 3. .... una moto roja. Como en el pueblo no *hay* 4. .... heladería, los domingos, si *hace* 5. .... buen tiempo, mi padre me *lleva* 6. .... en moto al pueblo vecino para tomar un helado.
Las clases en el colegio por lo general *terminan* 7. .... a las doce o a la una. Luego casi cada tarde *vamos* 8. .... al campo de fútbol y *jugamos* 9. .... Junto al campo de fútbol *hay* 10. .... un estanque, donde los veranos *pescamos* 11. .... y los inviernos *patinamos* 12. .... *Tenemos* 13. .... mucha libertad...

Aciertos: .... **de 13**

9 **Construye frases según el modelo.**

Ej.: *los domingos, en casa de nuestros padres, almorzar, nosotros /*
Los domingos almorzábamos en casa de nuestros padres.

1. ser niño, no gustar, cuando, me, las comidas picantes
....

2. todos los veranos, a Mallorca, ir, ellos
....

3. levantar, generalmente, me, temprano
....

4. cuando, nosotros, viajar, ser, mucho, universitarios
....

5. en aquella época, se, mucho menos, cobrar
....

6. al cine, antes, la gente, más, ir
....

7. menos, en aquella época, tráfico, haber
....

8. todo, ser, más, antes, barato
....

Aciertos: .... **de 8**

Uso de los pasados

Ejercicios

10 **Pon los verbos en imperfecto.**

Eran las dos de la madrugada

Delante va (Ej.:) *iba* la *Pinta*, luego la *Niña* y al final la *Santa María*. El tiempo y el viento *son* 1. .... buenos, la flotilla *avanza* 2. .... con rapidez.
La luna *declina* 3. .... hacia occidente. Las olas *rompen* 4. .... los senderos de plata que *pinta* 5. .... la luna sobre el mar, un poco más arriba *parpadea* 6. .... la Estrella Polar. *Son* 7. .... las dos de la madrugada.
Rodrigo Bermejo, a quien también *llaman* 8. .... Rodrigo de Triana, un marinero de la *Pinta*, gritó desde la proa al capitán: «¡Tierra! ¡Tierra!».
Lejos, en el horizonte, *hay* 9. .... una pequeña colina o roca, cuya cima *brilla* 10. .... a la luz de la luna.
Una colina en la lejana y desconocida costa. *Son* 11. .... las dos de la madrugada del 12 de octubre de 1492, las siete de la mañana en Sevilla, las nueve en Estambul y Moscú. La vieja Europa *despierta* 12. .... despacio...

(Svet, *Cristóbal Colón*. Texto adaptado).

Aciertos: .... de 12

NOTAS:

Acción en proceso mientras se produce otra acción

1. Si una acción se produce cuando otra está en proceso, usamos el pretérito perfecto simple con la acabada y el imperfecto con la que está en proceso de realizarse:
    Cuando me desperté, llovía.
    Iba a casa cuando vi un accidente.
    Cuando llegué a casa, mis hermanos dormían.

2. Aquí también se puede usar **estar** + gerundio con los verbos que permiten el uso de esta construcción (recuerda que **ir** y **venir** no lo permiten):
    Cuando me desperté, estaba lloviendo.
    Cuando llegué a casa, mis hermanos estaban durmiendo.

Uso de los pasados

Tema 4

PRETÉRITO IMPERFECTO

11 Lee la siguiente historia y contesta a las preguntas con frases completas.

En la playa

Eran las once de la mañana, estábamos en la playa. El sol brillaba en el cielo. Hacía mucho calor. La gente se bañaba en el mar, tomaba el sol o descansaba debajo de las sombrillas. Blancas gaviotas volaban lentamente en el aire. Delante de nosotros unos niños construían un castillo de arena. Sus padres dormían en la sombra. Más arriba, siete u ocho jóvenes jugaban al balonvolea. Un chaval de unos 16 años, que vendía bebidas, de vez en cuando gritaba cantando: ¡Refrescos fríos, agua mineral…!

Ej.: *¿Qué hora era? / **Eran las once de la mañana.***

1. ¿Dónde estaban a las once? ....
2. ¿Cómo era el tiempo? ....
3. ¿Qué hacía la gente? ....
4. ¿Cómo volaban las gaviotas? ....
5. ¿Qué construían los niños? ....
6. ¿Qué hacían sus padres? ....
7. ¿A qué jugaban los jóvenes? ....
8. ¿Qué vendía aquel chaval de dieciséis años? ....
9. ¿Qué gritaba? ....

Aciertos: .... de 9

12 Usa ambas formas (el imperfecto y *estar* + gerundio) donde sea posible.

Ej.: *Cuando mi tren llegó, mi amigo ya me (esperar, él) / **esperaba / estaba esperando.***

1. Cuando salí, mis padres (ver) .... la tele.
2. Cuando comenzó a llover, (jugar, nosotros) .... al fútbol.
3. Cuando la vi por primera vez, ella (comer) .... una manzana.
4. Pensé que (dormir, ellos) ....
5. Cuando llegamos a la oficina, ya todo el mundo (trabajar) ....
6. Cuando se despertaron, (nevar) ....
7. Me di cuenta de que ya no me (amar, ella) ....
8. Creyeron que yo también (ser) .... inglés.
9. Cuando me llamaste, yo (preparar) .... una tortilla.

Aciertos: .... de 9

Ejercicios

13 **Pon el verbo en imperfecto.**

Ej.: —*Anoche vimos Bodas de sangre.*
—*Nosotros también (querer)* **queríamos** *verla, pero no pudimos conseguir entradas.*

1. —Ayer fui al estadio para ver el partido.
   —Yo también (pensar) .... ir, pero luego cambié de planes.

2. —¿Qué tal el fin de semana?
   —Pues yo (querer) .... visitar a mis padres, pero María dijo que no.

3. —¿Por qué no viniste a casa?
   —(Ir) .... a ir, pero en el último momento me llamó Paco y cambié de idea.

4. —¿No te (ir) ....?
   —Sí, pero me he acordado que tengo que terminar esto antes de irme.

Aciertos: .... de 4

14 **Relaciona los siguientes complementos con su tiempo verbal correspondiente.**

A. **antes**   B. cuando era niño   C. esta semana   D. hoy
E. por lo general   F. ayer   G. en aquel entonces   H. anteayer
I. cada día   J. a menudo   K. la semana pasada   L. los fines de semana
M. el pasado fin de semana   N. a veces   Ñ. esta tarde

1 he estudiado mucho	2 estudié mucho	3 estudiaba mucho
		A.

Aciertos: .... de 14

> **NOTAS:**
>
> **Intención pasada no realizada**
>
> Para una intención pasada no realizada también se usa el imperfecto:
>
> *Nosotros también queríamos ir a Marruecos, pero Ana se puso enferma.*

TU NOVELA POLICÍACA

La historia misteriosA

Martes, 22 de agosto

Era martes, las once y media de la noche. El inspector acababa de llegar a casa y se encontraba en la cocina. Su esposa ya estaba durmiendo tranquilamente en la cama. El inspector estaba muy cansado, pero no tenía sueño. Desde la ventana miraba a la calle, las luces de la noche, y pensaba en este crimen tan misterioso.

Sí, Penélope Luz era una mujer muy hermosa y bastante rica. Era una actriz famosa, que hacía muchas giras por España y por Latinoamérica. En pocas ocasiones iba a otros países porque su inglés era muy malo. Su marido, Ricardo Martínez, era el heredero de toda su fortuna. Era un hombre mediocre, más bien bajo y feo. Pero tenía mucho encanto y era muy simpático. Era muy popular entre las mujeres a las que les gusta una buena conversación. Los sábados solía ir al club a jugar a las cartas. Se dice que perdía enormes sumas, pero, como su mujer era rica, el dinero no le importaba.

Enrique Peralta era un hombre guapo, muy guapo. Era un cantante medianamente famoso. Últimamente tenía problemas económicos. Se dice que visitaba los casinos de Monte Carlo. Su mujer era la íntima amiga de Penélope Luz, aunque desde hacía algún tiempo parecía que no se llevaban tan bien. Como su marido tenía problemas económicos, su doncella de toda la vida ya no trabajaba en su casa. Estaba viviendo en casa de Penélope Luz. ¿Sabía Lola que su marido era el amante secreto de Penélope Luz? ¿Era verdad que Lola y Ricardo eran amantes?

¿Se trataba de un asesino solitario o tenía cómplice? ¿Una mujer? Preguntas, preguntas... a las que el inspector no sabía dar respuesta.

Continúa en la página 62

Capítulo 5

1 **Responde a las preguntas.**

El inspector pensaba sobre el misterioso crimen:

1. ¿Cuándo (día y hora)? ....
2. ¿Estaba solo en casa? ....
3. ¿Dónde estaba y qué hacía? ....
4. ¿Por qué no se fue a dormir? ....

Aciertos: .... **de 4**

2 **Anota lo que sabes de cada personaje.**

Penélope Luz:
Aspecto físico ....
Profesión ....
Otros aspectos ....

Ricardo Martínez:
Aspecto físico ....
Carácter ....
Aficiones ....
Otros aspectos ....

Enrique Peralta:
Aspecto físico ....
Profesión ....
Otros datos ....

Lola Sánchez:
Relación con la víctima ....
Situación económica ....
Otros aspectos ....

La doncella de Lola Sánchez:
Lugar de trabajo actual ....

Aciertos: .... **de 14**

Uso de los pasados

Tema 4 — PRETÉRITO IMPERFECTO

Test de repaso

1. Pon los verbos en imperfecto.

Ej.: *Son* **Eran** las dos de la tarde, 1. *estamos* .... en un restaurante de la playa para celebrar el cumpleaños de mi tío. Mi tío por aquel entonces 2. *tiene* .... unos cuarenta años: 3. *es* .... alto y 4. *está* .... bronceado. 5. *Pasa* .... poco tiempo en casa, ya que 6. *trabaja* .... de marinero en un barco de cruceros: 7. *viaja* .... mucho, 8. *conoce* .... un montón de países y 9. *habla* .... varias lenguas. A menudo nos 10. *trae* .... regalos. Nosotros, niños, lo 11. *escuchamos* .... boquiabiertos cuando nos 12. *habla* .... de países lejanos y exóticos. Y, desde luego, todos nosotros 13. *soñamos* .... con ser marineros...

Aciertos: .... **de 13**

2. Elige la opción adecuada.

Ej.: *Antes* **nevaba** *más.*
   a) nevó   b) ha nevado   **c) nevaba**

1. Esta semana .... mucho.
   a) estudiaba   b) estudié   c) he estudiado
2. La semana pasada .... mucho.
   a) llovió   b) llovía   c) ha llovido
3. El verano pasado mis hermanos .... en Bogotá.
   a) han estado   b) estuvieron   c) estaban
4. Marta .... a salir cuando .... su móvil.
   a) iba – sonó   b) fue – sonó   c) iba – sonaba
5. Su esposa .... rubia y .... gafas.
   a) fue – llevaba   b) era – llevó   c) era – llevaba
6. Cuando mi hermano se ...., yo .... en Bogotá.
   a) casó – estaba   b) casaba – estaba   c) casó – estuve
7. A las once de la noche ya todo el mundo ....
   a) dormía   b) ha dormido   c) durmió
8. Tengo hambre, todavía no ....
   a) comía   b) comí   c) he comido
9. Por aquel entonces la vida .... más difícil en el campo.
   a) fue   b) era   c) ha sido
10. .... un accidente, ya viene la ambulancia.
    a) Hubo   b) Ha habido   c) Había
11. Ayer .... un incendio en el bosque cerca de Valencia.
    a) ha habido   b) hubo   c) había
12. Antes .... menos accidentes.
    a) había   b) ha habido   c) hubo

Aciertos: .... **de 12**

Uso de los pasados

Tema 5

PRETÉRITO PERFECTO SIMPLE / IMPERFECTO

- NARRACIÓN DE ACCIONES / DESCRIPCIÓN DE LA SITUACIÓN ..... PÁG. 58
- ACONTECIMIENTOS / ACCIONES HABITUALES .... PÁG. 64
- ACCIÓN ACABADA / ACCIÓN EN PROCESO .... PÁG. 68
- ORACIONES TEMPORALES Y CAUSALES .... PÁG. 72
- CAMBIO / DESCRIPCIÓN DEL ESTADO MENTAL O FÍSICO ...... PÁG. 74
- DIFERENCIA DE ESTILO .... PÁG. 76
- TEST DE REPASO .... PÁG. 80

LA HISTORIA MISTERIOSA

Sexto capítulo de la novela
- El inspector habla con la doncella.

Séptimo capítulo de la novela
- Declaración de Enrique Peralta.

Octavo capítulo de la novela
- Nuevos asesinatos complican el caso.

¿Por qué te fuiste ayer tan pronto?

Observa

Porque, cuando estaba trabajando, recibí una llamada y tuve que salir. Es que el niño se encontraba mal y, como mi mujer tenía el coche estropeado, tuve que llevarlo yo al médico.

¿Y qué dijo el médico?

Nada, que era un constipado y nada más.

Uso de los pasados

Tema 5

PERFECTO SIMPLE / IMPERFECTO

USOS

1. NARRACIÓN DE ACCIONES / DESCRIPCIÓN DE LA SITUACIÓN

EL PRETÉRITO PERFECTO SIMPLE Narra sucesos o acciones.	EL PRETÉRITO IMPERFECTO Describe la situación, el escenario.

- **Compara:**

NARRACIÓN DE LOS SUCESOS	DESCRIPCIÓN DEL TRASFONDO
Un día Enrique y Carlos decidieron ir a Italia. Partieron una mañana de julio. Carlos condujo. Llegaron. Se alojaron en una pensión barata. El día siguiente bajaron a la playa donde conocieron a dos chicas italianas. No hablaron mucho. Se enamoraron. Pasaron juntos una semana inolvidable.	Era un día maravilloso. Hacía sol, pero no hacía mucho calor. Enrique no sabía conducir. Era de noche. La pensión estaba cerca del mar. María era alta y rubia, Elena era bajita y morena. Las chicas no hablaban español y los chicos no sabían italiano.

- **Texto final:**

Vacaciones en Italia

Enrique y Carlos decidieron ir a Italia. Partieron una mañana de julio. Carlos condujo durante todo el viaje porque Enrique no sabía conducir. Ya era de noche cuando llegaron. Se alojaron en una pensión barata que estaba cerca del mar. El día siguiente bajaron a la playa donde conocieron a dos chicas italianas, María y Helena. María era alta y rubia, Elena era bajita y morena. No hablaron mucho, ya que las chicas no hablaban español y los chicos no sabían italiano, pero pronto se enamoraron. Pasaron juntos una semana inolvidable.

> **NOTAS:**
>
> **Las circunstancias temporales y los verbos de sentimiento:**
> El hablante usa el pretérito perfecto simple cuando lo que desea decir es la información principal, sin la intención de describir:
> *Aquel invierno hizo mucho frío.*
> *El martes pasado me sentí muy mal.*
> En una narración, sin embargo, las circunstancias temporales y los verbos de sentimiento aparecen como elementos accesorios, uno de los detalles, pertenecientes al trasfondo de la historia y, por lo tanto, se expresan generalmente en imperfecto:
> *Hacía sol, el cielo estaba despejado, no me sentía bien, etc.*

Ejercicios

1 **Pon los verbos en pretérito perfecto simple o imperfecto.**

El invierno pasado (ir, yo) (Ej.:) *fui* a Francia para esquiar. (Llegar, yo) 1. .... a la plaza Mayor a las cinco de la tarde. Ya todo el mundo (estar) 2. .... allí, excepto el guía. (Ser, nosotros) 3. .... unos treinta. (Haber) 4. .... dos conductores, uno (ser) 5. .... alto y barbudo, el otro (tener) 6. .... bigote. El guía (llegar) 7. .... a las cinco y cuarto. Los chóferes (abrir) 8. .... las puertas y todo el mundo (subir) 9. .... al autocar. El viaje (durar) 10. .... quince horas. (Llegar, nosotros) 11. .... al hotel a las ocho de la mañana siguiente. El paisaje (ser) 12. .... una maravilla: el hotel (estar) 13. .... entre las montañas, en todas partes (haber) 14. .... altos pinos cubiertos de nieve y (nevar) 15. ....: grandes copos de nieve (caer) 16. .... del cielo. Nos (bajar, nosotros) 17. .... del autocar y (entrar) 18. .... en el hotel. Después del desayuno (ir, nosotros) 19. .... a esquiar. Las pistas (comenzar) 20. .... a unos doscientos metros del hotel. (Comprar, yo) 21. .... un abono y (subir) 22. .... en telesilla. Allí me (poner, yo) 23. .... los esquíes y (comenzar) 24. .... a bajar. Pero no (tener, yo) 25. .... suerte: en la segunda curva me (caer) 26. .... y me (dislocar) 27. .... el tobillo. Me (llevar, ellos) 28. .... al hospital y (pasar, yo) 29. .... el resto de la semana en cama.

Aciertos: .... de 29

2 **Lee el siguiente texto y marca las formas de los verbos *haber*, *estar* y *ser*. Luego contesta a las preguntas con frases completas.**

En la ciudad había un teatro, estaba en la calle San José. Era de estilo barroco. El lunes hubo un concierto en la ciudad. El concierto fue en ese teatro. Yo también estuve allí. Fue estupendo, me gustó mucho.
En la ciudad había un estadio, estaba al otro lado del río. No era muy grande. El miércoles hubo un partido de fútbol entre los dos mejores equipos de la ciudad. El partido fue en ese estadio. Nosotros también estuvimos allí. Fue muy emocionante.

Ej.: *¿Cuántos teatros había en la ciudad?* **Solo había un teatro.**

1. ¿Dónde estaba? ....
2. ¿De qué estilo era? ....
3. ¿Qué hubo el lunes en la ciudad? ....
4. ¿Dónde fue el concierto? ....
5. ¿Qué tal fue el concierto? ....
6. ¿Había estadio en la ciudad? ....
7. ¿Dónde estaba? ....
8. ¿Cómo era? ....
9. ¿Qué hubo el miércoles? ....

Aciertos: .... de 9

Tema 5

PERFECTO SIMPLE / IMPERFECTO

3 **Transforma la historia con los verbos en pasado.**

Si tú roncas, yo...
Llego (Ej.:) ***Llegué*** a casa hacia las siete y media. Al pasar por la frutería, *entro* 1. .... a comprar melón y unos plátanos. La puerta de la casa *está* 2. .... cerrada con llave, lo que *significa* 3. .... que no *hay* 4. .... nadie en el hogar. *Suelto* 5. .... el bolso y la cartera en un sofá, enciendo 6. .... la tele y *paso* 7. .... a la cocina donde *dejo* 8. .... los plátanos y el melón. En la mesa *hay* 9. .... una enorme tortilla de patata entre los platos. *Abro* 10. .... la nevera para servirme un vaso de agua, pero naturalmente no *hay* 11. .... agua en la nevera. *Regreso* 12. .... al salón y me *siento* 13. .... ante el televisor. A las dos y media me *meto* 14. .... en la cama y *apago* 15. .... la luz. *Tengo* 16. .... un sueño invencible. Cuando me *estoy* 17. .... quedando frita, *llega* 18. .... Antonio, se *desnuda* 19. .... y se *acuesta* 20. .... En dos minutos *empieza* 21. .... a roncar como un mamut. Qué noche, qué noche. Me *levanto* 22. .... de la cama y *bebo* 23. .... un vaso de leche. No *tengo* 24. .... ni pizca de sueño. Me *acuesto* 25. ...., me *pongo* 26. .... a leer *Dinero*, de Martin Amis, pero no *puedo* 27. .... concentrarme. *Son* 28. .... las cuatro de la madrugada. Me *pongo* 29. .... a cantar: «Dime cuándo tú vendrás, dime cuándo, cuándo, cuándo».
—¿Qué te pasa ahora? ¿Por qué cantas? ¿Estás loca?
—Si tú roncas, yo canto.

(Adaptado de Carmen Rico-Godoy, *Cómo ser mujer y no morir en el intento*)

Aciertos: .... **de 29**

NOTAS:

a) Si un acontecimiento pasado está en proceso cuando otro suceso tiene lugar, se usa el imperfecto:
   Llegué a la plaza donde había una fiesta.

b) Si se trata de acontecimientos habituales, repetidos, se usa el imperfecto:
   Cuando era niño, había menos accidentes.

Uso de los pasados

Ejercicios

4 **Completa con la forma correcta.**

hubo/había   estuvo/estaba(n)   fue/era(n)

*Nuestra casa **estaba** en la calle Goya.*

1. Los buenos restaurantes .... en el centro.
2. ¿Dónde .... el terremoto?
3. En aquella calle no .... bancos.
4. Anoche .... fuegos artificiales en la ciudad.
5. No pudimos entrar en el gimnasio porque .... un entrenamiento de balonmano.
6. El Gran Hotel Estrella del Mar .... un hotel antiguo, pero bonito.
7. En la calle Mayor .... un hotel antiguo.
8. Las casas .... muy pequeñas.
9. La reunión .... en la universidad.
10. La agencia de viajes .... muy cerca del hotel.
11. El terremoto .... terrible.
12. ¿Dónde .... el examen?
13. La reunión .... una lata.
14. El domingo .... una boda en la catedral.
15. Cerca de la ciudad .... unas montañas.
16. El concierto .... en el Teatro Nacional.
17. La boda .... muy bella.
18. La novia .... muy bella.
19. El banquete de boda .... en el mejor restaurante de la ciudad.
20. El mejor restaurante de la ciudad .... en la plaza Mayor.
21. El viaje .... estupendo.
22. La semana pasada no .... corridas.
23. La corrida .... muy emocionante.
24. El último examen .... muy difícil.
25. Cuando yo .... universitario, los exámenes no .... tan difíciles como hoy.
26. Nuestra habitación .... en la primera planta.
27. Antes .... más fiestas.
28. El mercado .... cerca de nuestro hotel.
29. Ayer .... un atentado en el centro de la ciudad.

Aciertos: .... de 30

TU NOVELA POLICÍACA

LA HISTORIA MISTERIOSA

Miércoles, 23 de agosto

El inspector interroga a la doncella de la víctima:

El inspector abrió la puerta y la doncella entró en el despacho. El despacho era pequeño, pero confortable. Unas estanterías llenas de libros ocupaban una de las paredes. Los dos sillones eran grandes y cómodos. El escritorio se encontraba junto a la ventana y estaba cubierto de papeles y periódicos. La joven se sentó en uno de los sillones y puso su bolso en el suelo. Era una chica rubia, muy guapa. Tenía el pelo largo y unos preciosos ojos verdes. Llevaba un bonito vestido, claramente a la moda. El inspector vio su pulsera de oro y su anillo de brillantes. Parecía bastante nerviosa. El inspector se puso de pie y fue hacia la ventana abierta. Abajo, en la plaza, unos niños jugaban al fútbol. Sus gritos entraban en el despacho. El inspector cerró la ventana y preguntó.

Inspector: Señora Masmano, cuéntenos ahora, ¿qué ocurrió el domingo por la mañana?

Sra. M: Puedo asegurarle, señor, que fue el momento más terrible de mi vida. A las ocho y media entré en su dormitorio con el té. No se veía muy bien, ya que las cortinas estaban corridas. La señora estaba acostada. Parecía que dormía aún. Puse el té –estaba todavía muy caliente– en la mesita de noche y descorrí las cortinas. Hice bastante ruido, pero ella no se movía. Miré hacia la cama: sus ojos estaban abiertos, su cara estaba blanca como el papel. Me acerqué a ella y le toqué la mano. Estaba fría como el hielo. Junto a ella, en la cama, había una pelota de tenis...

Continúa en la página 71

Capítulo 6

1 **Completa la pregunta y contesta.**

1. ¿Cómo .... el despacho del inspector?
   ....
2. ¿Dónde................................ el escritorio?
   ....
3. ¿De qué............................... cubierto el escritorio?
   ....
4. ¿Cómo .... la doncella?
   ....
5. ¿Cómo .... vestida?
   ....
6. ¿A qué hora .... la doncella en el dormitorio?
   ....
7. ¿Qué................................... la doncella con el té?
   ....
8. ¿Dónde................................ Penélope Luz?
   ....
9. ¿Por qué .... la doncella las cortinas?
   ....
10. ¿Qué................................... junto al cadáver?
    ....

Aciertos: .... de 20

2 **Elige la opción adecuada.**

La doncella (Ej.:) **entró** / *entraba* en el despacho, se 1. *sentó* / *sentaba* en un sillón y 2. *puso* / *ponía* su bolso en el suelo. 3. *Fue* / *Era* una joven guapa, 4. *llevó* / *llevaba* un vestido elegante. 5. *Estuvo* / *Estaba* nerviosa. El inspector se 6. *puso* / *ponía* de pie y 7. *fue* / *iba* a la ventana. Abajo, en la plaza, unos niños 8. *jugaron* / *jugaban* al fútbol, sus gritos 9. *entraron* / *entraban* en el despacho. El inspector 10. *cerró* / *cerraba* la ventana y 11. *preguntó* / *preguntaba*: «¿Qué 12. *ocurrió* / *ocurría* el domingo por la mañana?».

Aciertos: .... de 12

Uso de los pasados

Tema 5 — PERFECTO SIMPLE / IMPERFECTO

USOS

2. ACONTECIMIENTOS / ACCIONES HABITUALES

Compara el uso de los pasados en las siguientes oraciones:

Los domingos almorzábamos en casa de los abuelos, pero *aquel domingo almorzamos* en un restaurante.
Generalmente íbamos en coche, pero *tres veces fuimos* andando.

Con el imperfecto expresamos acciones habituales o costumbres. En cambio, con el perfecto simple nos referimos a acontecimientos o acciones limitadas, concretas, independientemente del número de veces que tienen lugar.

Los complementos temporales nos ayudan a decidir si se trata de acciones acabadas o habituales. Aquí enumeramos otra vez los complementos temporales más importantes del perfecto simple e imperfecto.

Pretérito perfecto simple	Pretérito imperfecto
ayer, anoche, la semana pasada, el año pasado, aquel día, aquel invierno, desde 1995 hasta 1998, tres años, etc.	antes, (en aquel) entonces, los domingos, cada día, todos los días, en aquella época, generalmente, por lo general, cuando era niño / universitario, etc.
Con estos complementos de tiempo generalmente usamos el pretérito perfecto simple, porque son *cerrados*, limitados en el tiempo, tienen comienzo y fin. *Ayer estuve en casa todo el día.* *Viví veinte años en Inglaterra.*	Estos complementos temporales son *abiertos*, no limitados en el tiempo. El comienzo y el fin de estas acciones carecen de importancia. *Los domingos estaba en casa.* *En aquella época vivía en Inglaterra.*

Los complementos temporales nos ayudan también en el caso de las acciones repetidas:

a) Una acción que se repite un número inconcreto de veces

+ un complemento de tiempo **cerrado**: **pretérito perfecto simple**	+ un complemento de tiempo **abierto**: **imperfecto**
El año pasado estudié mucho. (Las tratamos como una sola acción finalizada).	*Por aquel entonces estudiaba mucho.* (Las tratamos como una acción habitual).

b) Si una acción se repite un número concreto de veces, el imperfecto no puede usarse. Usamos siempre el pretérito perfecto simple y solo con complementos de tiempo cerrados:

El mes pasado cené cuatro veces con ella.

Ejercicios

1 **Marca la opción correcta.**

Ej.: *El domingo pasado* **estuvimos** */ estábamos en la capital.*

1. Aquella noche no *dormí / dormía* casi nada.
2. Antes *salimos / salíamos* más.
3. Los árabes *estuvieron / estaban* en la península ibérica desde 711 hasta 1492.
4. En aquel entonces *trabajé / trabajaba* en la embajada.
5. Cuando *fui / era* universitario, *di / daba* clases particulares.
6. Todos los sábados *comieron / comían* en casa de los abuelos.
7. La última vez que nos *visitaron / visitaban*, no nos *trajeron / traían* nada.
8. La semana pasada *estuve / estaba* enfermo.
9. Mi padre *trabajó / trabajaba* tres años en Sevilla.
10. En aquel entonces mi padre *trabajó / trabajaba* en Sevilla.
11. El verano pasado *trabajé / trabajaba* de camarero en un bar.
12. Cuando *fuimos / éramos* niños, *pasamos / pasábamos* los veranos en el campo.
13. Anoche Roberto y Marisol *cenaron / cenaban* en un restaurante.
14. Por lo general se *levantó / levantaba* tarde, pero aquella mañana se *levantó / levantaba* muy temprano.
15. Todos los días *tomamos / tomábamos* el sol en la playa.
16. El Sr. Santos *pasó / pasaba* doce años en Costa Rica.
17. Todos los veranos *fuimos / íbamos* a Ibiza, pero aquel verano *fuimos / íbamos* a Tenerife.
18. En la temporada pasada el Real *ganó / ganaba* trece veces y *perdió / perdía* solo dos veces.
19. Generalmente yo *gané / ganaba*, pero una vez *perdí / perdía*.
20. Generalmente *gané / ganaba*, pero a veces *perdí / perdía*.

Aciertos: .... de 28

Tema 5
PERFECTO SIMPLE / IMPERFECTO

2 Comprueba en la siguiente historia cómo los acontecimientos se expresan con el pretérito perfecto simple y, sin embargo, las acciones habituales se expresan con el imperfecto.

Una historia romántica

Me llamo Carmina y tengo 20 años. Os quiero contar la historia que tuve (acontecimiento) con Gabriel, un chico tres años mayor que yo. Lo conocí (acontecimiento) en la autoescuela donde estábamos (habitual) en la misma clase teórica y nos sentábamos (habitual) juntos. Como a mí me era difícil la teoría, después de las clases nos quedábamos (habitual) en la escuela para repasar.

Cuando aprobamos (acontecimiento) la teórica, decidimos (acontecimiento) celebrarlo con una cena. Fue (acontecimiento) allí donde Gabriel expresó (acontecimiento) sus sentimientos hacia mí. Así comenzó (acontecimiento) nuestro amor. Nos veíamos (habitual) cada día después de clase y los fines de semana íbamos (habitual) a una casa que tenían sus padres a las afueras, prácticamente vivíamos (habitual) juntos los sábados y domingos. Gabriel se levantaba (habitual) un poco antes para preparar el desayuno y me lo traía (habitual) a la cama.

Un día encontré (acontecimiento) a Gabriel muy raro. Nos sentamos (acontecimiento) en un bar y allí me dijo (acontecimiento) que se iba a vivir a Nueva York con una beca. Así fue (acontecimiento) que con lágrimas en los ojos despedí (acontecimiento) a Gabriel en el aeropuerto y con eso terminó (acontecimiento) nuestro gran amor.

Ej.: *¿Dónde conoció Carmina a Gabriel?* / **Lo conoció en la autoescuela.**

1. ¿Qué hacían después de las clases? ....
2. ¿Qué hicieron cuando aprobaron? ....
3. ¿Qué ocurrió en la cena? ....
4. ¿Adónde iban los fines de semana? ....
5. ¿Quién se levantaba primero los sábados y domingos? ....
6. ¿Quién preparaba el desayuno? ....
7. ¿Qué sucedió un día? ....
8. ¿Dónde se sentaron? ....
9. ¿Qué dijo Gabriel a Carmina? ....

Aciertos: .... **de 9**

Ejercicios

3 **Localiza la frase correspondiente según el modelo.**

Ej.: *Nos sentamos en una mesa.* / ***Nos sentábamos juntos.***

1. Ayer estuvimos en una clase teórica.
   Lo conocí en la autoescuela donde ....
2. El martes pasado nos quedamos en la escuela para repasar.
   Después de las clases ....
3. Anoche nos vimos después de clase.
   Nos ....
4. El pasado fin de semana fuimos a una casa que tenían sus padres.
   Los fines de semana ....
5. Vivimos juntos diez años.
   Prácticamente ....
6. Aquella mañana Gabriel se levantó un poco antes para preparar el desayuno.
   Gabriel ....
7. Y me lo trajo a la cama.
   Y me lo ....

Aciertos: .... **de 7**

4 **Lee este texto y haz dos versiones de la siguiente historia.**

a) Cuando era universitario, …   b) El viernes pasado…

Me levanto tarde. Bajo a la tienda y me compro leche y unos bocadillos. Desayuno en casa. Después del desayuno voy a la universidad. Tengo cinco clases. De allí voy a la biblioteca. Paso la tarde allí. Por la noche ya no estudio, salgo con mis amigos. Me acuesto tarde, duermo poco.

a) Ej.: Cuando era universitario, / ***me levantaba tarde***

....
....
....
....
....
....
....
....

b) Ej.: El viernes pasado / ***me levanté tarde***

....
....
....
....
....
....
....
....

Aciertos: .... **de 22**

Uso de los pasados

Tema 5

PERFECTO SIMPLE / IMPERFECTO

USOS

3. ACCIÓN FINALIZADA / ACCIÓN EN PROCESO

Fíjate en la diferencia entre las dos oraciones siguientes:

Estuve cuatro días en México.	La estancia en México terminó.
Cuando sonó el teléfono, *estaba* en el cuarto de baño.	No sabemos si la acción de estar en el baño terminó ni cuándo.

Veamos otro ejemplo:

Jorge *fue* a casa.	Llegó a casa.
Jorge *iba* a casa cuando vio a María.	No se sabe si Jorge llegó a casa o no, pues para el hablante es indiferente.

Fíjate en que el pretérito perfecto simple **tiene duración** (comienza, dura y termina), mientras que el imperfecto **no tiene duración**. En el siguiente ejemplo, el imperfecto (*jugaba*) habla solo de un punto de la acción indicada con el pretérito perfecto simple (*jugué*):

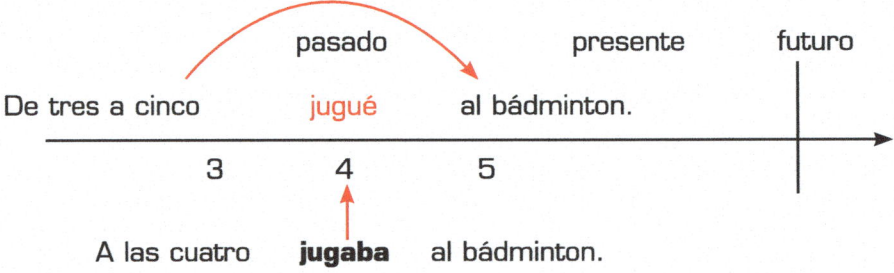

> **NOTAS:**
>
> 1. En las frases de arriba se trata de coincidencias y por eso usamos imperfecto con la acción que dura mientras que la otra se produce. Si no se trata de una coincidencia, usamos el pretérito perfecto simple en ambos lados. Compara:
>
>   *Cuando estaba en el parque, vi a tu novio.* (Es una coincidencia).
>   *Cuando estuve en Granada, vi la Alhambra.* (No es una coincidencia).
>
> 2. Sin embargo, si se trata de acciones habituales, ambos verbos van en imperfecto:
>
>   *Cuando estaba en Valencia, generalmente me alojaba en el hotel Europa.*

Ejercicios

1 Lee este texto y pon los verbos en el tiempo verbal apropiado.

SUCESOS 10

UN NIÑO RESCATA A OTRO AL CAER DESDE UNA VENANA

Un joven héroe

Todo (ocurrir) [Ej.:] *ocurrió* el pasado 26 de enero a las ocho de la tarde en Granada. Cuando su hermana se (marchar) 1. .... de casa, Antonio, un bebé de tan solo dieciocho meses, (dormir) 2. .... El niño se (despertar) 3. .... y, al escuchar los gritos de los niños en la calle, (tomar) 4. .... una silla, la (poner) 5. .... al pie de la ventana y subiéndose a ella se (arrojar) 6. .... desde un segundo piso. Al ver asomarse por la ventana al bebé, Francisco Noguera, de doce años, (correr) 7. .... hacia el lugar donde podría caer Antonio, con la gran fortuna de llegar a tiempo de recogerle en sus brazos, salvándole la vida.
La madre del bebé (declarar) 8. .... a la radio mientras (llorar) 9. .... de la emoción: «Mi hijo ha vuelto a nacer, ha vuelto a nacer».
Nieves, cuando Antonio se (arrojar) 10. .... por la ventana, se (encontrar) 11. .... con unos amigos. Su marido (acabar) 12. .... de salir de trabajar y (estar) 13. .... tomando algo cuando le (ir, ellos) 14. .... a avisar. El valiente Francisco nos cuenta que (estar, él) 15. .... jugando al fútbol con tus amigos y ya se (ir) 16. .... a subir a casa, cuando de repente (escuchar) 17. .... a un amigo Carlos que (gritar) 18. .... que un niño se (ir) 19. .... a tirar por la ventana. Francisco (ir) 20. .... corriendo hacia la ventana, se (poner) 21. .... debajo y Antonio (caer) 22. .... en sus brazos con tanta fuerza que le (tirar, él) 23. .... al suelo.
Francisco afirma: «Yo me considero normal. No soy valiente y además creo que lo que (hacer, yo) 24. .... lo podría hacer cualquier otro niño».

Aciertos: .... de 24

Tema 5
PERFECTO SIMPLE / IMPERFECTO

2 Marca la opción adecuada.

SUCESOS 12

UN HOMBRE ES ATROPELLADO POR UNA MOTOCICLETA

Entrevista a la víctima

Yo (Ej.:) caminé / **caminaba** por la calle Victoria. En una esquina, cuando el semáforo se 1. *puso / ponía* de color rojo —además 2. *hubo / había* un paso de peatones—, 3. *comencé / comenzaba* a cruzar la calle. De repente, cuando me 4. *estuve / estaba* cruzando la calle, una moto 5. *salió / salía* de entre los coches y me 6. *atropelló / atropellaba*. El chico 7. *anduvo / andaba* unos metros más, luego 8. *perdió / perdía* el equilibrio y 9. *cayó / caía* al suelo inmediatamente después se 10. *puso / ponía* en pie y se 11. *dirigió / dirigía* hacia donde 12. *estuve / estaba* yo. 13. *Tuvo / Tenía* todavía el casco puesto. 14. *Traté / Trataba* de defenderme. Le 15. *cogí / cogía* del cuello para tratar únicamente de defenderme. 16. *Caímos / Caíamos* al suelo y él 17. *empezó / empezaba* a gritar...

Aciertos: .... de 17

3 Veamos la historia desde el punto de vista del motorista. Completa las frases.

Yo (Ej.: ir) *iba* al trabajo y (tener) 1. .... prisa porque ya (ser) 2. .... las cuatro, pero no (conducir) 3. .... muy rápido. En una esquina, cuando el semáforo (estar) 4. .... en verde para los vehículos y en rojo para los peatones, un hombre mayor (salir) 5. .... de la cervecería de la esquina y (comenzar) 6. .... a cruzar la calle. Yo (frenar) 7. .... para no atropellarlo, y me (caer) 8. .... con la moto. El hombre se (acercar) 9. .... a mí y (comenzar) 10. .... a gritar...

Aciertos: .... de 10

4 Y, por fin, el relato fiel de una testigo.

(Ej.:) **Venir** Venía del instituto y me (encontrar) 1. .... con una amiga en la esquina. (Llevar, ella) 2. .... un jersey muy bonito, (estar, ella) 3. .... muy guapa. Me (contar, ella) 4. .... que (ir) 5. .... a una cita... ¿Un accidente? ¿Qué accidente? Yo no (ver) 6. .... ningún accidente...

Aciertos: .... de 6

TU NOVELA POLICÍACA — Capítulo 7

LA HISTORIA MISTERIOSA

Miércoles, 23 de agosto

El inspector interroga al señor Peralta:

Cuando el cantante llegó, el inspector estaba sentado detrás de su escritorio. Enrique Peralta era un hombre muy atractivo. Era moreno y estaba bronceado. Parecía más joven de lo que era.

Inspector: Señor Peralta, ¿qué hizo usted la semana pasada?

Sr. P.: Pues estuve cuatro días en París, tuve dos actuaciones. Regresé el sábado por la mañana.

Inspector: Cuando la señora Luz les llamó, ¿estaba usted ya en casa?

Sr. P.: Sí. Cuando sonó el teléfono, estaba en el cuarto de baño, así que mi esposa recibió la llamada. Era Penélope, o sea, la señora Luz. Nos invitó a su casa.

Inspector: Cuénteme qué pasó en esa visita, por favor.

Sr. P.: Cuando llegamos, Penélope y su esposo estaban discutiendo sobre algo en voz alta. Cuando él vio que estábamos allí, cogió el coche y se fue. Se notó que estaba nervioso.

Inspector: Señor Peralta, la doncella afirma que cuando entró en el salón con las tapas, usted y su esposa estaban buscando algo en el cajón del escritorio.

Sr. P.: ¿Cómo? Pero eso es absurdo. Cuando ella entró, Penélope y Lola, mi esposa, estaban tomando el sol en la terraza y yo estaba nadando en la piscina de la casa.

Inspector: ¿Quiere usted decir que cuando la doncella entró no había nadie en el salón?

Sr. P.: Exactamente, inspector. Cuando ella entró, no había nadie en el salón...

Continúa en la página 78

Completa las oraciones.

1. Cuando el cantante llegó, el inspector ....
2. Cuando sonó el teléfono, el señor Peralta ....
3. Cuando los Peralta llegaron, los Martínez ....
4. Cuando el señor Martínez vio que los Peralta ....
5. Según la doncella, cuando entró en el salón, los Peralta ....
6. Según el señor Peralta, cuando la doncella entró, su esposa y Penélope ....
7. El señor Peralta afirma que cuando la doncella entró, él ....
8. El señor Peralta dice que eso significa que, cuando la doncella entró, ...

Aciertos: .... de 8

Uso de los pasados

Tema 5

PERFECTO SIMPLE / IMPERFECTO

USOS

4. ORACIONES TEMPORALES Y CAUSALES

Cuando

a) Indicar un momento + describir la situación.
   Cuando + pretérito perfecto simple + imperfecto
   Cuando llegué, los niños veían / estaban viendo la tele.
b) Describir una época + hábito.
   Cuando + imperfecto + imperfecto
   Cuando era estudiante, salía mucho.
c) Describir una época + narrar un acontecimiento.
   Cuando + imperfecto + pretérito perfecto simple
   Cuando era niño, estuvimos una vez en Sevilla.
d) Indicar un momento concreto + narrar una acción (acciones consecutivas).
   Cuando + pretérito perfecto simple + pretérito perfecto simple
   Cuando nos vio, echó a correr.

Mientras (que)

a) Describir dos acciones paralelas habituales o dos acciones paralelas en progreso.
   Mientras + imperfecto + imperfecto
   Mientras comía, leía el periódico.
b) Describir un tiempo + narrar una acción.
   Mientras + imperfecto + pretérito perfecto simple
   Mientras desayunaba, se le ocurrió una buena idea.
c) Indicar dos acciones simultáneas, finalizadas.
   Mientras + pretérito perfecto simple + pretérito perfecto simple
   Mientras yo corté el césped, mi hermano reparó el grifo.

Porque

a) La causa es una intención o una situación.
   Pretérito perfecto simple + *porque* + imperfecto
   Nos levantamos temprano porque íbamos a Sevilla, pero al final no fuimos.
   No salimos porque hacía frío.
b) La causa es una acción que tuvo lugar.
   Pretérito perfecto simple + *porque* + pretérito perfecto simple
   Ayer no asistimos a las clases porque fuimos a la playa.
c) Se trata de una acción habitual.
   Imperfecto + *porque* + imperfecto
   No íbamos a restaurantes porque teníamos que ahorrar.

Ejercicios

1 Pon los verbos en pretérito perfecto simple o imperfecto.

Ej.: *Cuando llegué, mamá (estar)* **estaba** *en la cocina.*

1. Cuando (venir, ella) ...., siempre nos (traer) .... regalos.
2. No fui con ellos porque (tener, yo) .... que estudiar.
3. Cuando (beber, él) ...., (estar, él) .... insoportable.
4. Cuando era universitario, me (conceder, ellos) .... una beca a Francia.
5. Mientras (dormir, él) ...., alguien (entrar) .... en su piso.
6. Cuando llegó, se (poner) .... a trabajar.
7. Cuando (estar, nosotros) .... en mayo en Sevilla, vimos la Giralda.
8. Cuando (estar, nosotros) .... en Sevilla, generalmente nos (alojar, nosotros) .... en su casa.
9. Nos quedamos en casa porque (hacer) .... demasiado calor.
10. Cuando mi hermano se (casar) ...., yo (estar) .... en Italia.
11. No comí nada porque no (tener) .... hambre.
12. Cuando (estar, nosotros) .... en Toledo el fin de semana pasado, (ver, nosotros) .... la obra maestra del Greco, *El entierro del Conde de Orgaz*.

Aciertos: .... de 18

2 Relaciona y pon el verbo en la forma apropiada.

Ej.: *No fui con ellos de excursión...*

1. Nos quedamos en la piscina del hotel...
2. No comí casi nada...
3. No hubo clase...
4. De pequeños íbamos en autobús al colegio...
5. No supo qué decir...
6. Se fue a dormir pronto...
7. Decidimos irnos del cine...
8. Me cambié de escuela...
9. Rompió con su novio....
10. Cambiaron de opinión sobre el viaje...

a. porque (estar) .... lejos de nuestra casa.
b. porque no (tener) .... hambre.
c. porque el profesor (estar) .... enfermo.
d. porque (tener) **tenía** que estudiar.
e. porque (hacer) .... demasiado calor.
f. porque (anunciar) .... lluvia todo el fin de semana.
g. porque la película (ser) .... aburridísima.
h. porque no se (hablar) .... con sinceridad.
i. porque no (aprender) .... nada.
j. porque (estar) .... muy cansado.
k. porque no (entender) .... la pregunta.

Aciertos: .... de 10

Tema 5 — PERFECTO SIMPLE / IMPERFECTO

USOS

5. CAMBIO / DESCRIPCIÓN DEL ESTADO MENTAL O FÍSICO

Si hay un cambio en el estado mental o físico del sujeto de la acción, se usa el pretérito perfecto simple. Si no, el imperfecto. Fíjate en los siguientes ejemplos:

Cambio en el estado mental o físico	Descripción del estado mental o físico
Pretérito perfecto simple (hay cambio)	**Imperfecto** (no hay cambio)
Supe que tenía novio. (Me enteré de ello).	*Sabía* que tenía novio. (Tenía esta información).
De repente *sentí* un dolor fuerte. (Surgió el dolor).	*Sentía* un dolor fuerte y me mareaba. (Llevaba un tiempo en ese estado).
Creí (pensé) que eran hermanos. (Tuve la idea, el pensamiento).	*Creía (pensaba)* que eran hermanos. (Estaba en esa creencia).
Lo *conocí* en una fiesta. (Nuestro primer encuentro).	Lo *conocía* muy bien. (Sabía quién era).

Esta regla es válida para algunos otros verbos también. Si hay cambio (la acción tiene lugar), se usa el perfecto simple. Si no hay cambio (la acción no tiene lugar), se utiliza el imperfecto. He aquí unos ejemplos:

	Pretérito perfecto simple	Imperfecto
tener	Cuando *tuve* 18 años, mis padres me compraron un coche. (= Cuando cumplí 18).	*Tenía* 27 años cuando me casé.
tener que + infinitivo	Ayer *tuve* que limpiar las ventanas. (Y así las limpié). La semana pasada *tuvimos* que estudiar mucho. (Estudiamos mucho).	Cuando era niño, yo *tenía* que limpiar las ventanas. (Eso era mi tarea). En la universidad *teníamos* que estudiar mucho. (Eso era nuestra obligación).
querer + infinitivo	*Quise* entrar, pero no pude. (Traté de entrar). No *quiso* prestarme el dinero. (Se negó a prestármelo).	*Quería* comprarle algún regalo. (Intención, pensamiento sin acción). No *quería* prestarme el dinero, pero al final lo hizo. (No tenía la intención de…).
poder + infinitivo	Por fin *pudimos* abrir la puerta. (La abrimos).	*Podía* comer un pollo entero. (Era capaz de hacerlo si quería).

Ejercicios

1 **Elige la opción correcta.**

Ej.: ¿Dónde **conociste** / conocías a tu novio?

1. Cuando papá lo *supo* / *sabía*, se puso muy alegre.
2. La *conocí* / *conocía* muy bien, *supe* / *sabía* que *fue* / *era* una persona honesta.
3. Como no me *sentí* / *sentía* bien, me fui a casa.
4. Cuando era universitario, *tuve* / *tenía* que estudiar mucho.
5. Tomé un café, pero no me *gustó* / *gustaba*.
6. La cena que nos preparó era tan abundante que no *pudimos* / *podíamos* comerla.
7. En aquel examen no *supe* / *sabía* contestar a la última pregunta.
8. Era muy inteligente, *pudo* / *podía* aprender cien palabras en una hora.
9. Cuando era estudiante, no me *gustó* / *gustaba* el café.
10. Era el mejor en el grupo, *supo* / *sabía* contestar a cualquier pregunta.
11. El martes pasado *tuve* / *tenía* una postal de mi prima.
12. Entonces ya *supimos* / *sabíamos* que *quisieron* / *querían* separarse.
13. *Quisimos* / *Queríamos* abrir la puerta, pero no *pudimos* / *podíamos* porque estaba cerrada con llave.
14. Cuando por primera vez *vi* / *veía* a tu hija, *creí* / *creía* que *fue* / *era* tu hermana menor.
15. Cuando *fue* / *era* niño, yo también *creí* / *creía* que esas tres estrellas en el cielo *fueron* / *eran* los Reyes Magos.
16. Bajé a la tienda, pero no *pude* / *podía* comprar pan porque *estuvo* / *estaba* cerrada.
17. En aquella época *tuve* / *tenía* que trabajar muy duro.
18. *Fue* / *Era* allí donde *decidí* / *decidía* pedirle la mano.
19. *Fue* / *Era* allí donde *jugamos* / *jugábamos* al fútbol cuando *hizo* / *hacía* buen tiempo.

Aciertos: .... **de 29**

Tema 5

PERFECTO SIMPLE / IMPERFECTO

USOS

6. DIFERENCIA DE ESTILO

En el lenguaje coloquial, una serie de acciones pasadas (si no se trata de la narración de acciones habituales) se cuenta con el pretérito perfecto simple:

En el siglo VIII, los musulmanes invadieron la península, llegaron a Córdoba y establecieron la sede de su reino.

Sin embargo, un profesor de Historia puede elegir el imperfecto, para que la imagen sea más plástica, más visible (lenguaje literario). Con ello, revive el pasado por un momento. Es un estilo literario.

En el siglo VIII, los musulmanes invadían la península, llegaban a Córdoba y establecían la sede de su reino.

NOTAS:

Aquí vamos a aclarar una cuestión que a menudo los alumnos nos preguntan.

¿Cómo tengo que decir?:

Mi abuelo fue abogado o *Mi abuelo era abogado.*
Mis abuelos tuvieron cuatro hijos o *Mis abuelos tenían cuatro hijos.*

Ambas formas son correctas. La diferencia está en que cuando se dice:

Mis abuelos tuvieron cuatro hijos

no se quiere constatar más que este hecho. La frase no exige más, y asegura que los abuelos tuvieron cuatro hijos y no más ni menos, en su ciclo vital completo.

Pero si se dice:

Mis abuelos tenían cuatro hijos

se habla de un cierto periodo del pasado (por ejemplo, entonces) y probablemente se intenta narrar más de la época en que eso era así. De hecho, esta frase es radicalmente diferente de la anterior, pues implica un momento concreto en el que los abuelos tenían cuatro hijos, pero permite pensar que posteriormente tuvieran más. Revive el pasado por un momento y presupone un «entonces», un tiempo evocado.

Uso de los pasados

Ejercicios

1 He aquí los acontecimientos más importantes del año pasado (imaginario) contados en el presente.

- El 18 de enero el presidente de Bolivia visita España.
- A finales de febrero el invierno regresa a España. La nieve paraliza el tráfico.
- El 18 de marzo el Zaragoza gana la Copa del Rey. Los aragoneses derrotan al Real Madrid.
- El 22 de julio hay una huelga de dos semanas en el aeropuerto de Madrid.
- El 25 de diciembre muere Camilo José Cela, escritor español, premio nobel.

Cuenta los hechos en el pasado, en dos versiones:

a) Elige un estilo neutro, limitándote a tratar estos acontecimientos como meros datos.

Ej.: *El 18 de enero el presidente de Bolivia **visitó** España.*

1. A finales de febrero el invierno .... a España. La nieve .... el tráfico.
2. El 18 de marzo el Zaragoza .... la Copa del Rey. Los aragoneses .... al Real Madrid.
3. El 22 de julio .... una huelga de dos semanas en el aeropuerto de Madrid.
4. El 25 de diciembre .... Camilo José Cela, escritor español, premio nobel.

Aciertos: .... de 6

b) Imagínate que eres periodista de TVE y es 1 de enero. Quieres evocar los hechos del año pasado. Elige un estilo *literario*, vivo.

Ej.: *El 18 de enero el presidente de Bolivia **visitaba** España.*

1. A finales de febrero el invierno .... a España. La nieve .... el tráfico.
2. El 18 de marzo el Zaragoza .... la Copa del Rey. Los aragoneses .... al Real Madrid.
3. El 22 de julio .... una huelga de dos semanas en el aeropuerto de Madrid.
4. El 25 de diciembre .... Camilo José Cela, escritor español, premio nobel.

Aciertos: .... de 6

TU NOVELA POLICÍACA

La historia misteriosa

Sábado, 26 de agosto

Cuando el inspector supo lo ocurrido, no quería creérselo. Primero pensó que solo se trataba de una broma, pero conocía muy bien al sargento Cambra y sabía que no solía bromear. Eran las seis de la mañana y el inspector se sentía muy cansado. Entró en el cuarto de baño y se dio una ducha. Luego sacó el coche del garaje y se dirigió a su despacho. Cuando llegó, el sargento ya le estaba esperando.

Inspector: Pablo, cuéntamelo otra vez. Eso es increíble.

Sargento: Lo que ocurrió anoche fue lo siguiente: eran las nueve y media cuando recibimos una llamada telefónica. La persona -tenía voz de mujer- nos dijo que, si queríamos nuevos detalles sobre el caso Penélope Luz, en la casa del señor Peralta podíamos encontrar algunos. Cuando llegamos a la casa, la puerta principal estaba abierta. Entramos en el salón y estaban allí: ¡todos muertos! Cuando los vi, primero creí que estaban durmiendo, pero no. Y junto a cada cadáver había un objeto raro: junto al señor Peralta había un bolígrafo rojo. Al lado de su esposa encontramos un trozo de tiza, y junto al cadáver del señor Martínez se encontraba un diccionario de español. A la doncella la encontramos en otra habitación. Junto a ella había una goma de borrar.

Continúa en la página 90

Uso de los pasados

Capítulo 8

1 Completa las preguntas y escribe las respuestas.

1. ¿A qué hora .... el inspector lo ocurrido?
   ....

2. ¿Qué .... primero?
   ....

3. ¿Por qué .... luego que no se .... de una broma?
   ....

4. ¿Qué .... después de darse una ducha?
   ....

5. ¿Adónde se ....?
   ....

6. ¿Quién le .... cuando ....?
   ....

7. Según el sargento Cambra, ¿qué hora .... cuando la policía .... la llamada?
   ....

8. ¿Qué les .... esta persona?
   ....

9. ¿Qué .... primero el sargento Cambra cuando .... los cadáveres?
   ....

10. ¿Qué .... junto a cada cadáver?
    ....

Aciertos: .... de 10

2 Así le cuenta al día siguiente la señora Jiménez a la señora Pérez en el mercado lo que ocurrió aquella noche. Elige la opción correcta.

Anoche, a eso de la una, un ruido me (Ej.:) **despertó** / despertaba. 1. Pensé / Pensaba que 2. hubo / había alguien en el jardín, así que 3. cogí / cogía mi paraguas –por si acaso– y 4. salí / salía al jardín. De repente, 5. sentí / sentía en la espalda un dolor tan fuerte que 6. tuve / tenía que sentarme. 7. Descansé / Descansaba unos minutos y luego, por suerte, 8. pude / podía ponerme de pie y volver a mi casa, pero 9. dejé / dejaba olvidado el paraguas en el jardín, y ahora no lo encuentro en ninguna parte... Ya le digo yo a usted, señora Pérez, que hoy en día no hay honradez en este mundo...

Aciertos: .... de 9

Uso de los pasados

Tema 5

PERFECTO SIMPLE / IMPERFECTO

Test de repaso

1 **Pon la siguiente historia absurda en pasado.**

(Son) 1. .... las seis de la mañana cuando (llego) 2. .... a la estación de Atocha. (Hace) 3. .... mucho frío, (está) 4. .... nevando. (Hay) 5. .... muchos pasajeros, ya que (es) 6. .... peligroso conducir con ese tiempo y mucha gente (prefiere) 7. .... ir en tren. Como aún (tengo) 8. .... sueño, (entro) 9. .... en la cafetería y me (tomo) 10. .... un café. Al salir de la cafetería (tropiezo) 11. .... con Lola. Me (sorprende) 12. .... verla allí, porque (creo) 13. .... que (está) 14. .... en Londres con su esposo, en una expo de pinturas de la Galería Tate. Lola (es) 15. .... artista: (pinta) 16. .... cuadros modernos que se (venden) 17. .... muy bien. Cuando me (ve) 18. ...., no (sabe) 19. .... qué decir. (Veo) 20. .... que le (tiemblan) 21. .... las manos. (Está) 22. .... sola y (lleva) 23. .... una maleta grande. Me (explica) 24. .... que (va) 25. .... a Toledo para visitar a una tía que –según ella– (está) 26. .... enferma. (Hablamos) 27. .... un rato, luego le (deseo) 28. .... buen viaje y me (voy) 29. .... a la taquilla para comprarme un billete a Barcelona. Mientras (hago) 30. .... cola, (veo) 31. .... que Lola (va) 32. .... hacia el andén, con un hombre alto y guapo a su lado, que le (lleva) 33. .... la maleta. Me (sorprendo) 34. .... tanto que, cuando me (toca) 35. .... a mí, en vez de Barcelona (pido) 36. .... un billete para Toledo… Bueno, (compro) 37. .... el billete y como aún (tengo) 38. .... sueño, (entro) 39. .... en la cafetería y me (tomo) 40. .... un café. Al salir de la cafetería, (tropiezo) 41. .... con Carmina. Cuando la (veo) 42. .... no (sé) 43. .... qué decir. Le (sorprende) 44. .... verme allí porque (cree) 45. .... que (estoy) 46. .... en Londres con mi esposo, en una expo de pinturas de la Galería Tate. (Ve) 47. .... que me (tiemblan) 48. .... las manos. Le (explico) 49. .... que (voy) 50. .... a Toledo para visitar a una tía que (está) 51. .... enferma. (Hablamos) 52. .... un rato, luego me (desea) 53. .... buen viaje y se (va) 54. .... a la taquilla. Unos minutos más tarde (llega) 55. .... Antonio y me (ayuda) 56. .... a llevar la maleta en que (guardo) 57. .... mis cuadros. Cuando (vamos) 58. .... hacia el andén del que (sale) 59. .... el tren para Toledo, (veo) 60. .... que Carmina (entra) 61. .... en la cafetería con su maleta en que (lleva) 62. .... sus pinturas…

Aciertos: .... **de 62**

Tema 6

OTROS TIEMPOS DEL PASADO

- EL PLUSCUAMPERFECTO, FORMA Y USOS .... PÁG. 82
- EL FUTURO DEL PASADO, FORMA Y USOS .... PÁG. 84
- EL ESTILO INDIRECTO (RESUMEN) .... PÁG. 86

La historia misteriosa

Último capítulo de la novela
- Se descubre la historia misteriosa. El asesino habla con el inspector.

¿Sabes? Ayer, cuando salía del banco, me encontré con Carolina, que ya había vuelto de su viaje por América.

¿Y qué tal le ha ido? Me dijo que me escribiría y no lo hizo.

Observa

Me contó que le había ido muy bien, que le gustaba todo lo que había visto, pero que había tenido mucho trabajo y poco tiempo libre. Por eso no te habrá escrito, imagino.

Tema 6

OTROS TIEMPOS DEL PASADO

1. EL PRETÉRITO PLUSCUAMPERFECTO: FORMA Y USO

FORMA

Es un tiempo verbal compuesto: se forma con el imperfecto del verbo auxiliar **haber** + el participio pasado del verbo principal.

Imperfecto del verbo *haber*	Participio pasado
había habías había habíamos habíais habían	jug**ado** / com**ido** / viv**ido**

USOS

El pluscuamperfecto se usa para expresar acciones pasadas anteriores a otras acciones también pasadas.

Cuando el hablante utiliza el pluscuamperfecto, no cuenta las acciones pasadas en el orden en que estas acciones ocurrieron en realidad. En nuestro ejemplo, el verdadero orden de los sucesos es el siguiente: primero Juan sacó (1) unas fotos en Madrid y luego nos las mostró (2). Si el hablante decide comenzar su narración con la acción 2, entonces utiliza el pluscuamperfecto con la acción 1 para expresar que se trata de una acción anterior.

Veamos otro ejemplo:

1 Aprobé Física.   2 Mis padres lo supieron.   3 Se alegraron mucho.

*Cuando mis padres supieron (2) que **había aprobado** (1) Física, se alegraron (3) mucho.*

> **NOTAS:**
>
> Una narración puede comenzar con pluscuamperfecto. Con este uso el hablante quiere expresar que la acción es anterior al verdadero comienzo de la historia:
>
> ***Había llovido*** *y la calle estaba mojada. Saqué el coche del garaje y...*

Ejercicios

1 **Transforma las frases según el modelo.**

Ej.: *Compré un mapa en Madrid. Ayer lo perdí.* / **Ayer perdí el mapa que había comprado en Madrid.**

1. No me llamó. Me enfadé con él. ....
....
2. Miguel suspendió Historia. Sus padres no le dejaron ir al cine. ....
....
3. Me lesioné. No pude jugar. ....
4. Mi novio me regaló un collar. Me lo puse para la fiesta. ....
....
5. Vimos la película dos veces. No fuimos con ellos al cine. ....
....
6. Comieron mucho. No tenían hambre. ....
....
7. No lo invitaron. No vino a la fiesta. ....
8. Nuestro coche se averió. Fuimos en tren. ....
9. En Toledo compré un abanico. Ayer lo encontré. ....
....
10. Trabajó mucho. Estaba cansado. ....
11. Perdí la llave. No pudimos entrar. ....
12. Nos recomendasteis un restaurante. Comimos allí. ....
....

Aciertos: .... de 12

2 **Subraya la opción correcta.**

Ej.: *Me sorprendí mucho porque nunca vi /* **había visto** *la nieve.*

1. Estábamos cansados porque *trabajamos / habíamos trabajado* mucho.
2. Cuando llegué a casa, *puse / había puesto* la tele.
3. Cuando llegué a casa, mi hermano ya *salió / había salido*.
4. No tenía sueño porque *dormí / había dormido* mucho.
5. Fui al quiosco y *compré / había comprado* El País.
6. No pude ir con ellos porque *perdí / había perdido* mi pasaporte.
7. Entonces me *di / había dado* cuenta de que me *engañó / había engañado*.
8. Mientras mi esposa cocinaba, yo *reparé / había reparado* la lavadora.
9. Cuando lo supo, se *puso / había puesto* furioso.
10. Me acosté y en seguida me *dormí / había dormido*.
11. Me asusté terriblemente porque nunca *vi / había visto* un perro tan grande.

Aciertos: .... de 12

Tema 6 — OTROS TIEMPOS DEL PASADO

2. EL FUTURO DEL PASADO: FORMACIÓN Y USO

FORMA

El futuro del pasado se expresa con el condicional simple. Se forma añadiendo al infinitivo las siguientes terminaciones:

	-ía	-íamos
	-ías	-íais
	-ía	-ían

Hablar		Comer		Vivir	
hablaría	hablaríamos	comería	comeríamos	viviría	viviríamos
hablarías	hablaríais	comerías	comeríais	vivirías	viviríais
hablaría	hablarían	comería	comerían	viviría	vivirían

Verbos irregulares

Los verbos irregulares añaden las mismas terminaciones a un radical irregular:

Decir (dir-)	
diría	diríamos
dirías	diríais
diría	dirían

Los verbos irregulares más importantes son los siguientes:

decir (dir-), **haber** (habr-), **hacer** (har-), **poder** (podr-), **poner** (pondr-), **querer** (querr-), **saber** (sabr-), **salir** (saldr-), **tener** (tendr-), **venir** (vendr-)

USOS

Expresa una acción futura con respecto a una pasada, pero pasada con respecto al momento actual:

*Pensé que **llegarían** con el tren de la tarde.*

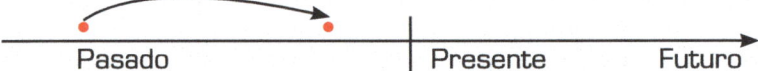

El futuro del pasado a menudo aparece en estilo indirecto cuando el verbo principal va en un tiempo pasado: Dijo: «*Os visitaré*».   > *Dijo que nos visitaría.*

Ejercicios

1 **Pensabas que sería diferente. Reacciona en estas situaciones. Utiliza uno de estos verbos.**

volver - costar - estar - tener - gustar

Ej.: *Vas a una fiesta y te encuentras a un amigo que no esperabas.*
Pensé que no vendrías.

1. Un compañero de trabajo vuelve de vacaciones un día después.
Creía que ....

2. Tu pareja ha comprado algo más barato de lo que pensabas.
Estaba seguro de que...

3. Vas a visitar a un enfermo que crees que está solo y hay más gente.
Pensaba que...

4. Pides disculpas a la cajera porque no tienes suficiente dinero para pagar.
Lo siento, estaba seguro de que ....

5. Le compras un regalo a un amigo que no le gusta.
Estaba seguro de que...

Aciertos: .... de 5

2 **Imperfecto o futuro del pasado. Transforma las frases en estilo indirecto.**

Ej.: *Te llamaré.* > ***Dijo que me llamaría.***

1. ¿Estarás en casa? > Me preguntó si ....
2. No quiero ir. > Le dijo que no ....
3. Tendré que estudiar. > Nos dijo que ....
4. Iremos al cine. > Dijo que ....
5. Nunca lo sabréis. > Nos dijo que nunca lo ....
6. Tenemos un chalé en Cádiz. > Mencionó que ....
7. Hablaré con tu padre. > Me prometió que ....
8. Es su padre. > Pensé que ....
9. No podrán salir. > Creí que no ....

Aciertos: .... de 9

Tema 6 — OTROS TIEMPOS DEL PASADO

USOS

3. EL ESTILO INDIRECTO (RESUMEN)

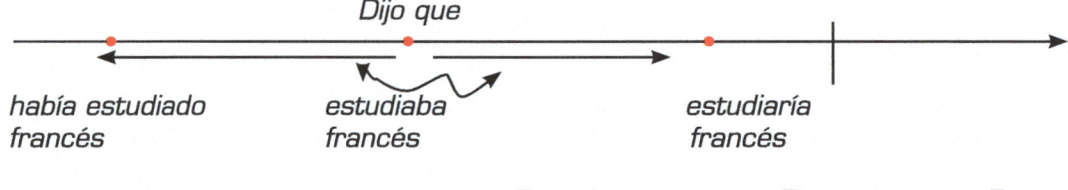

Cuando el verbo principal va en un tiempo pasado, los tiempos verbales sufren los siguientes cambios:

Presente Dijo: «Tengo hambre».	>	**Imperfecto** Dijo que tenía hambre.
Pretérito perfecto compuesto Dijo: «He visto a Miguel».	>	**Pluscuamperfecto** Dijo que había visto a Miguel.
Pretérito perfecto simple Dijo: «Me caí».	>	**Pluscuamperfecto o no cambia** Dijo que se había caído / se cayó.
Futuro simple Dijo: «Iré a Escocia».	>	**Condicional simple** Dijo que iría a Escocia.

El imperfecto y el pluscuamperfecto no cambian:		
No teníamos coche.	>	Dijo que no tenían coche.
Creía que había roto con José.	>	Dijo que creía que había roto con José.

NOTAS:

En estilo indirecto, cuando la oración principal va en un tiempo pasado, el pluscuamperfecto:

1. Sustituye al pretérito perfecto compuesto del estilo directo:
   «Me he cansado mucho». > Nos dijo que se había cansado mucho.

2. Puede sustituir al pretérito perfecto simple del estilo directo, aunque no obligatoriamente:
   «Perdimos el tren». > Me dijeron que habían perdido / perdieron el tren.

Ejercicios

1 **Convierte las oraciones en estilo indirecto (condicional, imperfecto o pluscuamperfecto).**

Ej.: *Hemos comprado un chalé.* > *Nos contaron que **habían comprado un chalé**.*

1. Te llamaré a las cinco. > Dijo que me ....
2. Estuve en Grecia. > Mencionó que ....
3. Soy abogado. > Nos dijo que ....
4. ¿Habéis comido ya? > Les preguntó si ya ....
5. ¿Estarás en casa? > Me preguntó si ....
6. He aprobado todos los exámenes. > Nos contó que ....
7. No me encuentro bien. > Dijo que ....
8. Tuvimos suerte. > Nos dijeron que ....
9. He visto a tu novio. > Me dijo que ....
10. ¿Tenéis hambre? > Nos preguntó si ....
11. Tendré que estudiar. > Le dijo que ....
12. Hemos visto una obra estupenda. > Nos contaron que ....

Aciertos: .... de 12

2 **Convierte las frases en estilo indirecto (pluscuamperfecto, imperfecto o condicional).**

Ej.: *Estoy casado desde hace veinte años.* *Dijo que **estaba casado desde hacía 20 años**.*

1. No va a ser fácil. Nos dijo que no ....
2. ¿Dónde habéis estado? Les preguntó dónde ....
3. ¿Qué te apetece tomar? Le preguntó qué le ....
4. Iremos a Marruecos. Me dijo que ....
5. ¿Dónde cenasteis? Nos preguntó dónde ....
6. Acabo de llegar. Les dijo que ....
7. Nunca lo sabré. Pensó que nunca lo ....
8. Ya llevo una hora esperando. Dijo que ya ....
9. Hace quince años que trabajo aquí. Dijo que ....

Aciertos: .... de 9

Tema 6 — OTROS TIEMPOS DEL PASADO

USOS

4. LA EXPRESIÓN DE LA PROBABILIDAD CON TIEMPOS VERBALES

Una (muy frecuente) forma de expresar probabilidad en el presente es usar el futuro:

– ¿Dónde está Paco?
– No sé, *estará* en casa. (= Probablemente está en casa).

En las preguntas, con el uso del futuro para el presente el hablante puede acentuar su curiosidad: *¿Dónde estará Juan (ahora)? ¿Qué estará haciendo (en este momento)?*

Lo mismo ocurre con los tiempos verbales del pasado:

1. En una situación que necesita el uso del pretérito perfecto compuesto, podemos expresar posibilidad con el futuro perfecto, es decir, en vez de *he, has, ha, hemos, habéis, han* hay que usar **habré, habrás, habrá, habremos, habréis, habrán** (aunque este uso ocurre sobre todo en las terceras personas):

Compara las respuestas a las siguientes preguntas:

¿Por qué no están aquí todavía?	
Si estoy seguro, puedo decir:	**Si solo lo pienso, puedo decir:**
Han perdido el tren.	Pues no sé, **habrán perdido** el tren.
Pepe acaba de llamar, dice que *se han perdido* / que *han cambiado* de planes.	Ni idea, **se habrán perdido** o **habrán cambiado** de planes.

2. En una situación que necesita el uso del perfecto simple o imperfecto, podemos usar el futuro del pasado (el condicional) para expresar posibilidad.

a) ¿Dónde estuvo ayer Elena?	
b) ¿Dónde estaba Elena cuando llegaste?	
Si estoy seguro, puedo decir:	**Si solo lo pienso, puedo decir:**
a) *Estuvo* en Sevilla. b) *Estaba* en Sevilla.	a,b) No sé, **estaría** en Sevilla, como todos los fines de semana.

3. En el caso del pluscuamperfecto también podemos usar el condicional para expresar probabilidad:

Si estoy seguro:	No llegaron porque *habían perdido* el tren.
Si solo lo pienso:	No sé por qué no llegaron, **habrían perdido** el tren.

Ejercicios

1 **Cambia el tiempo verbal para que exprese probabilidad.**

Ej.: *Ha sido muy difícil.* **Habrá sido muy difícil.**

1. Han llegado tarde.   Pues ....
2. Alguien lo ha avisado.   No sé, ...
3. Estaba enfermo.   Ni idea, ...
4. Perdió el tren.   Qué sé yo, ...
5. Eran las seis cuando salí. ....

Aciertos: .... **de 5**

2 **Contesta con dos formas: a) si lo sabes, b) si solo lo piensas.**

Si lo sabes: **Si solo lo piensas:**

Ej.: *¿Por qué no han venido a la fiesta? (su hija, ponerse enferma)*
Porque su hija se ha puesto   **No sé, su hija se habrá puesto**
enferma.   **enferma.**

1. El niño dice que le duele el estómago. (comer, él, demasiado chocolate)
   Eso es porque ....   Pues ....

2. ¿Con quién salía Marta entonces? (con el hermano mayor de Pepe)
   ¡Qué pregunta! Tú sabes tanto   Pues ya no me acuerdo,
   como yo que ....

3. ¿Qué hicieron con su casa de campo? (vender, la, a los vecinos)
   .... Pues ni idea, ...
   por 200 000 euros.   ....

4. ¿Por qué vinieron en tren? (su coche, romperse)
   Porque se les .... No sé, se les ....
   .... el coche.   .... el coche.

5. ¿Cuánto ha pagado Jorge por el chalé? (salir barato)
   Creo que .... No sé, me imagino que ....
   ....

Aciertos: .... **de 10**

TU NOVELA POLICÍACA

La historia misteriosA

Domingo, 27 de agosto

Eran las tres de la tarde de un domingo maravilloso. Hacía sol y las playas estaban llenas. El inspector se encontraba en su despacho. Estaba solo y desesperado: no había podido solucionar el caso. El asesino había dejado varias pistas: una pelota de tenis, un bolígrafo, un trozo de tiza, un diccionario, una goma de borrar, pero no tenía sospechosos: todos habían muerto. Y, además, ya no se trataba de un solo asesinato, sino de cinco. Y de un maníaco, por cierto.

Había interrogado a todo el mundo, había examinado todos los detalles, pero no había podido encontrar al asesino. Y ahora estaba convencido de que nunca lo encontraría, nunca podría decirle: «¡Fue usted!».

De repente, la puerta se abrió y apareció un hombre. Medía un metro ochenta, aproximadamente, era barbudo, pero no llevaba bigotes. Rondaba los cincuenta.

—Buenas tardes, inspector —dijo el hombre. Fui yo quien mató a toda esa gente.

—¿Cómo? —al inspector se le cayó la pipa de la mano—. Pero ¿quién es usted?

—Soy el autor de este libro de texto. Cuando entré en su despacho, aún pensaba que usted sabía que yo había cometido estos crímenes. Le había dado bastantes pistas: el diccionario, la tiza, el bolígrafo, la goma. Todos son objetos de profesor.

—Pero ¿por qué lo hizo usted? ¿Con qué motivo?

—Es muy sencillo: necesitaba más ejercicios para este libro y una historia de detective parecía una buena idea. Y, como no soy Agatha Christie, el único final que se me ocurrió para esta historia fue este...

Hubo un largo silencio. Luego el autor dijo:

—Hace calor. ¿Le apetecería tomar algo? Le invito.

—Pero hombre, ¡eso es imposible! ¡Usted existe, pero yo no! ¡Yo soy solo una persona inventada en una historia de detectives!

—Aquí se equivoca usted. Yo tampoco soy real. ¿Podemos irnos?

—Pero hay una cosa que no entiendo. La pelota de tenis en la cama de la señora Martínez...

—Es muy sencillo: me encanta el tenis. ¿Sabe qué? Vamos a jugar un partido...

Y así fue que el inspector y el autor se fueron a jugar un partido de tenis. Ya no tenían trabajo: el caso estaba resuelto y el libro escrito. Era una tarde hermosa, perfecta para hacer deporte. Mientras caminaban hacia las pistas de tenis, el inspector preguntó:

—Hay una cosa más. ¿Quién se comió mi bocadillo? ¿Fue el sargento Cambra?

—Si gana usted el partido, lo sabrá.

Pero el inspector perdió y nunca lo supo...

Tema 6 — OTROS TIEMPOS DEL PASADO

Test de repaso

1 Escoge la respuesta apropiada.

1. Tenía mucha hambre porque todavía ……………
   a) no había desayunado   b) no desayunaría   c) no desayunaba
2. Nos dijo que no …….. subir al avión porque …………… su pasaporte.
   a) podía – había perdido   b) podía – perdería   c) pudo – perdía
3. Vi que …………… cansada.
   a) estaría   b) había estado   c) estaba
4. No sé por qué no están aquí todavía, ……………… el tren.
   a) habrán perdido   b) han perdido   c) perdieron
5. Jorge ………….. a la estación y se …………… un billete para Madrid.
   a) iba – compró   b) fue – había comprado   c) fue – compró
6. …………… las siete cuando ………….
   a) Fueron – llegábamos   b) Eran – habíamos llegado   c) Eran – llegamos
7. …………… las siete cuando ………….
   a) Fueron – llegamos   b) Serían – llegamos   c) Serían – habíamos llegado
8. Cuando …….. lo que …….., ………. muy nervioso.
   a) sabía – ocurriría – se había puesto
   b) supo – había ocurrido – se puso
   c) sabía – ocurría – se pondría
9. La pregunté si ……………… alguna vez en Quito.
   a) estaba   b) estaría   c) había estado
10. Me contó que …………… abogado y …………… en el Ministerio de Justicia.
    a) era – trabajaba   b) fue – trabajó   c) era – trabajó
11. Me dijo que ………. que estudiar porque el martes ………… un examen.
    a) tuvo – tenía   b) tenía – tendría   c) tenía – había tenido
12. Me prometió que me ……………
    a) había llamado   b) llamaría   c) llamó

Aciertos: ……………… de 12

2 Pon el texto en pasado.

(Ser) 1. …………… las cuatro cuando mi vuelo (aterrizar) 2. …………… en el aeropuerto de Madrid. (Estar, yo) 3. ……………… cansado porque no (poder) 4. ……………… dormir en el avión. Cuando (bajar, yo) 5. ……………… del avión, (sonar) 6. ……………… mi móvil: (ser) 7. ……………… Sandra, mi novia. Me (decir, ella) 8. ……………… que (haber) 9. ……………… un atasco en el centro y por eso (llegar, ella) 10. ……………… al aeropuerto a las cuatro y media para recogerme. Me (preguntar, ella) 11. ……………… cómo me lo (pasar, yo) 12. …………… en Buenos Aires. Le (decir, yo) 13. ……………… que muy bien, y que seguro que la próxima vez (ir, nosotros) 14. ……………… juntos…

Aciertos: ……………… de 14

TIEMPO PARA PRACTICAR LOS PASADOS

LISTA DE LOS VERBOS IRREGULARES

abrir
  Participio: abierto
almorzar
  P. simple: almorcé, almorzaste, almorzó, almorzamos, almorzasteis, almorzaron
andar
  P. simple: anduve, anduviste, anduvo, anduvimos, anduvisteis, anduvieron
apagar
  P. simple: apagué, apagaste, apagó, apagamos, apagasteis, apagaron
buscar
  P. simple: busqué, buscaste, buscó, buscamos, buscasteis, buscaron
caer
  P. simple: caí, caíste, cayó, caímos, caísteis, cayeron
  Participio: caído
comenzar
  P. simple: comencé, comenzaste, comenzó, comenzamos, comenzasteis, comenzaron
conducir
  P. simple: conduje, condujiste, condujo, condujimos, condujisteis, condujeron
construir
  P. simple: construí, construiste, construyó, construimos, construisteis, construyeron
convertir
  P. simple: convertí, convertiste, convirtió, convertimos, convertisteis, convirtieron
creer
  P. simple: creí, creíste, creyó, creímos creísteis, creyeron
  Participio: creído
cubrir
  Participio: cubierto
dar
  P. simple: di, diste, dio, dimos, disteis, dieron
decir
  P. simple: dije, dijiste, dijo, dijimos, dijisteis, dijeron
  Condicional: diría, dirías, diría, diríamos, diríais, dirían
  Participio: dicho
descubrir
  Participio: descubierto
destruir
  P. simple: destruí, destruiste, destruyó, destruimos, destruisteis, destruyeron
divertir
  P. simple: divertí, divertiste, divirtió, divertimos, divertisteis, divirtieron
dormir
  P. simple: dormí, dormiste, durmió, dormimos, dormisteis, durmieron

elegir
  P. simple: elegí, elegiste, eligió, elegimos, elegisteis, eligieron
empezar
  P. simple: empecé, empezaste, empezó, empezamos, empezasteis, empezaron
entregar
  P. simple: entregué, entregaste, entregó, entregamos, entregasteis, entregaron
escribir
  Participio: escrito
estar
  P. simple: estuve, estuviste, estuvo, estuvimos, estuvisteis, estuvieron
haber
  P. simple: hube, hubiste, hubo, hubimos, hubisteis, hubieron
  Condicional: habría, habrías, habría, habríamos, habríais, habrían
hay
  P. simple: hubo
  Condicional: habría
hacer
  P. simple: hice, hiciste, hizo, hicimos, hicisteis, hicieron
  Condicional: haría, harías, haría, haríamos, haríais, harían
  Participio: hecho
ir
  P. simple: fui, fuiste, fue, fuimos, fuisteis, fueron
  Imperfecto: iba, ibas, iba, íbamos, ibais, iban
jugar
  P. simple: jugué, jugaste, jugó, jugamos, jugasteis, jugaron
leer
  P. simple: leí, leíste, leyó, leímos, leísteis, leyeron
  Participio: leído
llegar
  P. simple: llegué, llegaste, llegó, llegamos, llegasteis, llegaron
morir
  P. simple: morí, moriste, murió, morimos, moristeis, murieron
  Participio: muerto
oír
  P. simple: oí, oíste, oyó, oímos, oísteis, oyeron
  Participio: oído
pagar
  P. simple: pagué, pagaste, pagó, pagamos, pagasteis, pagaron
pedir
  P. simple: pedí, pediste, pidió, pedimos, pedisteis, pidieron
poder
  P. simple: pude, pudiste, pudo, pudimos, pudisteis, pudieron
  Condicional: podría, podrías, podría, podríamos, podríais, podrían
poner
  P. simple: puse, pusiste, puso, pusimos, pusisteis, pusieron
  Condicional: pondría, pondrías, pondría, pondríamos, pondríais, pondrían
  Participio: puesto

TIEMPO PARA PRACTICAR LOS PASADOS

practicar
  P. simple: practiqué, practicaste, practicó, practicamos, practicasteis, practicaron
producir
  P. simple: produje, produjiste, produjo, produjimos, produjisteis, produjeron
querer
  P. simple: quise, quisiste, quiso, quisimos, quisisteis, quisieron
  Condicional: querría, querrías, querría, querríamos, querríais, querrían
repetir
  P. simple: repetí, repetiste, repitió, repetimos, repetisteis, repitieron
resolver
  Participio: resuelto
romper
  Participio: roto
saber
  P. simple: supe, supiste, supo, supimos, supisteis, supieron
  Condicional: sabría, sabrías, sabría, sabríamos, sabríais, sabrían
sacar
  P. simple: saqué, sacaste, sacó, sacamos, sacasteis, sacaron
seguir
  P. simple: seguí, seguiste, siguió, seguimos, seguisteis, siguieron
sentir
  P. simple: sentí, sentiste, sintió, sentimos, sentisteis, sintieron
ser
  P. simple: fui, fuiste, fue, fuimos, fuisteis, fueron
  Imperfecto: era, eras, era, éramos, erais, eran
servir
  P. simple: serví, serviste, sirvió, servimos, servisteis, sirvieron
tener
  P. simple: tuve, tuviste, tuvo, tuvimos, tuvisteis, tuvieron
  Condicional: tendría, tendrías, tendría, tendríamos, tendríais, tendrían
traducir
  P. simple: traduje, tradujiste, tradujo, tradujimos, tradujisteis, tradujeron
traer
  P. simple: traje, trajiste, trajo, trajimos, trajisteis, trajeron
  Participio: traído
venir
  P. simple: vine, viniste, vino, vinimos, vinisteis, vinieron
  Condicional: vendría, vendrías, vendría, vendríamos, vendríais, vendrían
ver
  P. simple: vi, viste, vio, vimos, visteis, vieron
  Imperfecto: veía, veías, veía, veíamos, veíais, veían
  Participio: visto
volver
  Participio: vuelto

GRAMÁTICAS DE REFERENCIA SIEMPRE EN TU BIBLIOTECA, A MANO

¿QUIERES CONSOLIDAR TU GRAMÁTICA?
Elige tu nivel y practica

¿PROBLEMAS CON ALGUNOS PUNTOS ESPECÍFICOS DE GRAMÁTICA? Trabájalos.